청소년들의 진로와 직업 탐색을 위한
잡프러포즈 시리즈 17

자 유 롭 다 면

그라
피티
작가

자유롭다면

그라피티 작가

최성욱 지음

예술을 위한 예술이 아름다울지도 모른다.
그러나 진보를 위한 예술은 더욱 아름답다

– 빅토르 위고 Victor Hugo –

모든 어린이는 예술가다.
문제는 어떻게 하면 이들이 커서도
예술가로 남을 수 있게 하느냐이다.

C·O·N·T·E·N·T·S

C·O·N·T·E·N·T·S

안녕하세요. 그라피티작가 레오다브예요. 처음 인터뷰 요청을 받았을 때 어떤 식으로 저의 모습과 제 직업 세계를 보여드려야 할지 고민이 많았어요. 그라피티라는 것이 아무래도 정규교육을 통해 배울 수 있는 일이 아니다 보니 용어나 작업 방식, 작업 환경들을 글로 설명하는 것이 쉽지는 않을 것 같았거든요. 그래서 망설여졌죠. 하지만 그라피티에 관심은 있는데 어디서부터 시작해야 할지 모르는 분들, 그라피티작가는 어떻게 살고 있는지 궁금해하는 분들에게 조금이라도 도움이 되지 않을까 싶어 고민을 접고 이 글을 쓰기 시작했어요.

저는 그라피티가 낙서라고 생각해요. 낙서인 만큼 정해진 형식이 없고 소재가 자유로우며, 즉흥적이고 충동적인 성격을 가졌기 때문에 여타의 예술 장르보다는 좀 더 쉽고 편안하게 시도해볼 수 있죠. 저 역시 처음에는 그라피티라는 용어도 모른 채 벽에 그림을 그리기 시작했어요. 스프레이를 사용한 것도 아니었고 페인트와 붓, 마커 등을 이용해 첫 그라피티를 완성했죠. 스케치도 따로 하지 않고 손이

가는 대로 벽면을 채워나갔어요. 모든 벽면과 천장이 제 그라피티로 꾸며졌죠. 아무래도 동아리방이란 공간이 누군가의 눈치를 볼 필요가 없는 자유로운 곳이다 보니 낙서하듯 아무런 부담 없이 시작했던 것으로 기억해요. 천장까지 다 채워지자 페인트로 덮고 다시 그리기도 하고, 방 밖으로 나가 학교의 휴게실과 예술관 뒤쪽에도 그라피티를 그리며 연습을 하기 시작했죠.

이 책에서 소개하는 그라피티는 그림과 문자, 도형들을 위주로 한 내용이지만 제가 생각하는 그라피티는 그런 의미로 국한되지 않아요. 그림을 좋아하는 사람은 그림으로, 노래를 좋아하는 사람은 노래로, 글을 잘 쓰는 사람은 시나 이야기로, 춤을 잘 추는 사람은 춤을 이용해 그라피티를 할 수 있거든요. 자기 생각을 표현할 수 있는 가장 편한 방법이 바로 그라피티이고 더 나아가 스트리트 아트라고 생각해요. 커다란 벽면을 미리 그려둔 스케치를 떠올리며 때로는 즉흥적으로 내가 그리고 싶은 것, 내가 표현하고 싶은 것들로 채워나가는 기분은 말로 설명할 수 없을 정도로 멋진 일이에요.

낙서가 갖는 잠재된 해방감과 장난스러움에 빠져보고 싶은 분, 공공장소를 지나가는 행인들에게 일상 속 작은 즐거움을 주고 싶은 분, 본인의 생각이나 넘치는 상상력을 커다란 벽에 자유롭게 표현하고 싶은 분들에게 이 직업을 프러포즈해요.

GRAFFITI

" 첫인사 "

토크쇼 편집자 – 편

그라피티작가 최성욱 – 최

편 먼저 자기소개를 부탁드려요.

최 안녕하세요. 저는 한국에서 그라피티작가로 활동 중인 L.A.C 대표 레오다브예요.

편 이 일을 하신 지는 얼마나 되셨나요?

최 대학교 1학년 때인 1998년에 시작해서 지금까지 하고 있으니 이 일을 한 지도 20년이 되었네요.

편 작가님의 작품을 소개해주세요.

최 초창기 때의 작품과 지금 하는 작품의 스타일이 좀 달라요. 초창기 때의 작품을 보면 대체로 실사 위주의 작업들이 많

앉아요. 하이트 프라임 맥주 광고에 사용되었던 선유도공원의 그라피티, 바비 킴 콘서트에 사용되었던 바비 킴 인물 그라피티 등이 대표적이죠. 요즘은 러브카모 스타일이라는 저만의 문양을 만들어 시그니처로 사용하고 있어요. 제 레터링^{자신만의 스} ^{타일로 글자를 쓰는 것}은 귀엽고 동글동글한 스타일이고요.

여러분들이 보셨을 만한 작품도 있어요. 2014년에 GD × TAEYANG의 싱글앨범 〈GOOD BOY〉의 표지 작업을 했거든요. 그리고 제가 근현대사에 관심이 많아 관심사를 작품으로 표현하기도 했는데요. 그렇게 나온 작품이 독립운동가 시리즈예요. 독립운동가 시리즈는 글자의 무늬나 그림의 모양을 오려낸 후 그 구멍에 물감을 넣어 그림을 찍어 내는 스텐실 기법을 사용하고 있어요. 삼청동 정독도서관에 가면 담벼락에서 제 작품인 독립운동가 시리즈 중 하나를 볼 수 있어요.

🔲 본인의 작품 중 가장 아끼는 작품은 무엇인가요?

🔲 어려운 질문이네요. 제 대답은 '없다'예요. 일단 작가에게 모든 작품은 자식들 같아요. 열 손가락 깨물어 안 아픈 손가락 없다는 말을 많이들 하잖아요. 저 역시 그래요. 제 작품들이 자식 같다 보니 다 애착이 가지 특별히 더 아끼는 작품은 없어

요. 어떤 게 가장 잘 그렸다거나 어떤 게 가장 낮다는 생각도 안 하는 편이고요.

편 그라피티작가라는 직업을 선택한 이유가 있나요?

최 학교를 졸업하기 전까지 그라피티는 취미 활동이었어요. 가끔 비용을 내고 작품을 의뢰하는 분도 있긴 했지만 본격적이진 않았죠. 저는 대학에서 디자인을 전공했고, 졸업하고 나서는 친구들처럼 디자인 회사에 들어가 일을 시작했어요. 그때는 대학을 졸업하면 남들처럼 취직을 하고 월급을 받아야 한다고 생각했거든요. 취업을 당연히 여기며 회사생활을 해나갔는데, 다니면 다닐수록 이게 아니라는 생각이 들었어요. 내가 하고 싶은 일은 이런 게 아니었다는 느낌이 강하게 들었죠. 결정적으로 그라피티를 할 때처럼 행복하지 않더라고요. 그래서 2년 정도 다니다 그만두고 본격적으로 그라피티작가가 되어 활동하기 시작했어요.

편 이 직업을 프러포즈하는 이유는 뭔가요?

최 저는 회색 외벽을 강렬한 색채와 귀여운 문자들로 채우면서 즐겁게 살고 있어요. 먹고 사는 데도 문제가 없고요. 누구

든 저처럼 그라피티작가라는 직업을 가지고도 충분히 먹고 살
수 있다는 것을 보여주고 싶었어요. 그게 다른 어떤 이유보다
강력한 동기가 되었죠. 우리나라에서는 예술을 하면 굶어 죽
는다는 생각을 하기도 하는데 비단 어른들만 그런 것이 아니

K현대미술관, 긱키랜드 기획전

라 어린 학생들까지도 그런 생각을 많이 하더라고요. 그것을 좀 깨고 싶었어요. 기본적인 생활뿐이 아니라 여유로운 삶도 가능하다는 것 역시 알려주고 싶었고요. 꼭 그라피티작가를 하라는 것이 아니라 본인이 하고 싶고 관심 있는 것을 열심히 하다 보면 그것이 다소 성공하기 힘든 예술 분야의 일이라 하더라도 충분히 가능성이 있다는 것을 알았으면 좋겠네요.

지금은 창조적인 활동이 주목받는 시대예요. 창조적인 분야야말로 정말 좋아하는 사람이라야 잘할 수 있는 것 같고요. 작품이란 게 밤낮으로 고민하고 꾸준히 시도해봐야 나오는 거라고 생각하는데, 좋아하지 않는다면 그만큼 열정을 쏟기가 힘들거든요. 그림 그리는 것을 좋아하고, 그라피티라는 세계가 흥미롭다면 과감히 도전해보세요. 그라피티는 사회에 대한 불만을 표현하는 저항 문화에서 비롯됐지만 오늘날에는 길거리뿐만 아니라 갤러리에서 전시로도 만날 수 있는 예술이 되었어요. 자신이 좋아하는 일을 하는데, 그 일이 예술이 되는 순간의 황홀함을 여러분에게도 선물하고 싶어요.

GRAFFITI

" 그라피티작가란 "

편 그라피티란 무엇인지 알려주세요.

최 그라피티의 어원은 이탈리아어인 긁어서 새긴다는 뜻의 'Graffio'와 그리스어인 'Sgraffito'예요. 거리의 벽과 바닥에 문자나 그림을 새긴다는 의미에서 시작된 거죠. 이 일을 한 지도 20년 가까이 됐지만 그라피티가 무엇이라고 정확하게 정의하는 일은 아직도 어려워요. 거리에서 하는 미술 활동인 스트리트 아트Street Art, 공적으로 개방된 공간에서 공개적으로 이루어지는 그림 · 조각 전시, 낙서, 연극 등을 총칭의 한 영역이라고 해야 할까요? 거리에서 하는 모든 예술은 스트리트 아트의 범주에 속하니까요.

흔히들 스프레이를 사용해 외벽에 글자나 캐릭터, 인물이나 사물 등을 그리고 쓰는 것을 그라피티라고 알고 있어요. 제 생각에 그런 식의 정의는 재료와 형태를 너무 국한시키는 것이라고 봐요. 스프레이를 가지고 할 수도 있지만 종이를 잘라 붙일 수도 있고, 다양한 색깔의 타일을 이용해 작업할 수도 있거든요. 예를 들어 어떤 사람이 털실 짜는 것을 좋아한다고 가정해 봐요. 그 사람이 털실 짜는 것을 스트리트 아트, 그라피티로 표현하고 싶다면 거리의 가로수나 기둥에 털실을 이용해

로프를 이용한 그라피티

마커를 이용한 그라피티

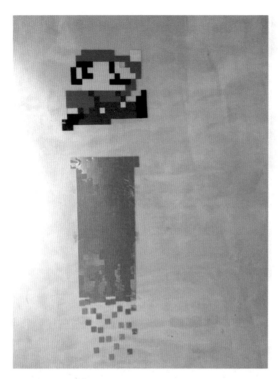

픽셀을 이용한 그라피티

자신만의 패턴이나 모양, 색깔 등을 넣으면 되죠. 그것이 바로
그라피티라고 생각해요. 실제로 외국에서 그런 식으로 작업하
는 작가분도 있고요.

페이퍼를 이용한 그라피티

편 그라피티가 우리나라에 들어온 시기와 당시 우리나라 상황은 어땠는지 궁금해요.

최 우리나라에 그라피티가 들어왔던 시기를 특정할 수는 없어요. 스트리트 아트의 특성과 낙서에서 시작한 역사로 인해 그 시작을 알기가 무척 어렵거든요. 시작은 알 수 없지만 대중적으로 알려지고 퍼진 시기는 대략 90년대 후반이에요. 사람들이 대중가수들의 뮤직비디오나 영화에서 그라피티가 가득한 거리의 풍경을 보면서 저게 뭔지 궁금해하고, 그 풍경을 멋지다고 생각했죠. 저 역시 90년대 후반에 그런 이유로 관심을 갖고 그라피티를 시작했고요. 당시는 우리나라에서 힙합 문화가 태동하던 시기이자 인터넷을 통해 사람들이 연결되기 시작한 시기였어요. 몇몇 사람들이 거리의 그라피티 사진들을 인터넷에 올리면서 더 많은 사람들이 그라피티를 접하게 되었고, 그것이 새로운 문화를 갈구하던 세대에게 매력적으로 다가갔던 것 같아요.

편 현재는 우리나라에서 그라피티를 어떻게 받아들이고 있나요?

최 과거보다는 많이 나아졌지만 아직까지 색안경을 끼고 보는 시선들이 남아 있어요. 그렇다고 크게 신경 쓰지는 않지만요. 역사는 새로운 무언가를 갈구하고 색다른 시도를 하는 사람들로 인해 수많은 변화를 겪으며 지금에 이르렀지만 새로운 것에 대한 거부감은 늘 존재했잖아요. 그라피티에 대한 안 좋은 인식 역시 그런 거부감의 일종이라고 봐요.

그래도 그라피티를 좋아하는 분들이 점점 많아지고, 갤러리라는 제도권 안에서 전시되기도 하며, 현대미술의 한 분야로 인식되고 있으니 그라피티의 미래는 긍정적일 것으로 보고 있어요. 2015년에 어떤 아티스트가 지하철역에서 트레인 바밍 Train Bombing. 지하철이나 열차에 몰래 그라피티를 하는 행위을 한 적이 있는데 그것과 관련해 여러 번 인터뷰를 했어요. 그 일이 있은 후 5678서울도시철도에서 연락이 왔죠. 녹사평역에 공간이 있는데, 그 공간을 그라피티로 꾸미고 싶다고요. 음성적인 부분을 수면 위로 끌어 올린 거죠. 그것도 가장 보수적이라고 할 수 있는 공무원집단에서요. 이런 사실도 그라피티의 미래가 밝음을 암시하는 것 중 하나예요.

편 처벌을 무릅쓰고 트레인 바밍을 하는 이유는 뭘까요?
최 트레인 바밍은 기차를 움직이는 벽으로 생각하는 것에서 출발했어요. 일반적인 바밍의 의미 중 하나는 내 그림, 내 그라피티를 다른 사람들에게 보여주는 데 있는데요. 기차를 벽이자 캔버스로 생각한다면, 기차는 바밍을 하기에 최적의 장소가 되는 것이죠. 트레인 바밍을 하면 일반 벽을 이용할 때보다 훨씬 더 많은 사람들이 보게 되니까요. 작품은 선로를 따라 이동하여 내가 가지 않은 곳까지 여행하며 사람들에게 다가가요. 바밍하는 친구들에게 이런 점은 매력적인 요소가 되었죠.

편 어떻게 이 직업이 생겼는지 궁금해요.

최 예술가들 중에서도 본인의 생각을 대중에게 좀 더 쉽고 재미있게 전하려고 노력하는 사람들이 있었는데, 그들이 시도한 것 중 하나가 그라피티였죠. 그러다 그라피티만을 전문으로 하는 작가가 생겨났고요. 지금은 작품 활동을 하는 그라피티작가가 많아요. 다른 작가 군들에 비해 상업적인 활동도 많은 편이고요. 지금 굉장히 주목받고 있기 때문에 여러 분야에서 콜라보레이션_{Collaboration, 일정한 목표를 달성하기 위해 공동으로 출연, 강연, 작업하는 일}을 요청하는 일이 많거든요.

편 최초의 그라피티작가는 누구인가요?

최 앞서 얘기한 것처럼 그라피티의 시작을 알 수 없듯이 최초의 그라피티작가를 알기도 어려워요. 벽에 새긴 낙서가 그 시작이라 기원을 확실히 알기가 어렵죠. 그런 만큼 설도 많고요. 그래도 가장 유력한 설은 미국의 할렘에서 지역 갱스터들에 의해 시작되었다는 설이에요. 갱스터들이 자신들의 영역을 표시하려고 사인 같은 것을 벽에 그려 넣은 것이 발전해 자신들만의 글자 형태를 만들어 그려 넣고, 그것을 레터링이라 부르면서 그라피티가 되었다는 거죠. 같은 시기에 여러 작가들이 거리로 나와 작업을 했어요. 장 미쉘 바스키아나 키스 해링 같은 작가들이 대표적이었죠. 그런 시대적 상황을 볼 때 갱들의 영역 표시와 더불어 작가들의 거리 예술 활동이 복합적으로 이루어져 발전해온 게 아닐까 싶어요.

더 알고 싶어요!

장 미쉘 바스키아 Jean Michel Basquiat

미국의 낙서 화가. 낙서, 인종주의, 해부학, 흑인 영웅, 만화, 자전적 이야기, 죽음 등의 주제를 다루며 다소 충격적인 작품을 남겼어요. 팝아트 계열의 천재적인 자유구상화가로서 지하철 등의 지저분한 낙서를 예술 차원으로 승화시켰다는 평가를 받고 있죠.

키스 해링 Keith Haring

미국의 그라피티 아티스트. 하위문화로 낙인찍힌 낙서화의 형식을 빌려 새로운 회화 양식을 창조했어요. 간결한 선과 강렬한 원색, 재치와 유머가 넘치는 표현으로 그의 이미지는 전 세계적으로 대중적인 인기를 얻고 있죠.

편 그라피티작가도 분야가 나뉘나요?

최 딱히 분야가 나뉘는 건 아니지만, 스타일이나 재료를 가지고 구분해 얘기하는 경우는 많아요. 선이 강하고 알아보기 힘든 글자들의 조합을 구사하는 와일드 스타일 작가, 둥글둥글한 글씨체를 많이 구사하는 버블 스타일 작가, 2D의 벽을 3D처럼 표현하는 작가, 스텐실 기법을 많이 쓰는 작가, 블록이나 타일로 형태를 만들어 표현하는 픽셀 아트를 주로 하

는 작가와 같은 식으로요. 이런 식으로 구분해 표현하는 정도
이지 분야가 나뉘지는 않아요. 위의 여러 가지 예들을 복합적
으로 사용하는 분들도 많아 이조차도 구분하기 어려운 경우도
있고요. 저만해도 버블 스타일의 글씨체를 주로 사용하며 동
시에 스텐실 기법과 픽셀 아트도 구사하니까요.

편 그라피티작가라는 직업에 대해 소개해주세요.

최 그라피티작가는 거리의 벽이나 바닥 등 세상의 다양한 공간을 캔버스 삼아 자신이 표현하고자 하는 것들을 원하는 소재를 사용해 표현하는 사람이에요.

편 우리가 알만한 유명한 그라피티작가가 있을까요?

최 대중적으로 잘 알려진 작가로는 장 미쉘 바스키아, 키스 해링, 뱅크시, 스페이스 인베이더, 오베이 등이 있어요. 작가의 이름을 모르더라도 작품을 보면 아! 이 그림! 하는 경우가 많을 것 같고요. 특히 키스 해링의 작품은 상품화된 것이 많아 더 친숙할 것 같네요.

편 대한민국 최고의 그라피티작가는 누구라고 생각하세요?

최 대한민국 최고의 가수는 누구인가? 대한민국 최고의 작가는 누구인가?라는 말과 비슷한 질문이 아닐까 싶어요. 예술 분야에서 누가 최고라고 말하기는 어렵죠. 이런 분야에서는 각자 본인의 취향에 따라 최고가 누구인지를 생각하니까요.

당연히 그것은 객관적인 평가가 될 수는 없겠죠. 모든 사람은 지극히 주관적인 견해로 자신만의 기준에 따라 최고의 작가를 선정해요. 또 다른 작품을 만나 큰 감동을 받는다면 최고의 작가가 바뀌기도 하고요.

더 알고 싶어요!

뱅크시 Banksy

영국의 그라피티 아티스트이자 영화감독. 특유의 스텐실 기법을 사용해 어두운 유머와 그라피티를 결합해 풍자적인 거리 예술을 완성했어요. 그의 정치적, 사회적 논평이 담긴 작품은 전 세계 도시의 거리, 벽, 다리 위에 제작되었죠.

스페이스 인베이더 Space Invader

프랑스의 설치미술가. 세계 최초의 컴퓨터 게임인 스페이스 인베이더 속에 등장하는 캐릭터를 타일을 이용해 표현하는 작업을 하고 있어요. 전 세계를 돌아다니며 영감을 받는 곳에 설치 미술을 남기고 간다고 하는데요, 우리나라의 대전시립미술관에서도 스페이스 인베이더의 작품을 만날 수 있죠.

편 그라피티작가는 구체적으로 어떤 일을 하나요?

최 자신만의 그라피티를 쓰고 그려요. 즉 작품을 만드는 것이죠. 작가들은 자신이 표현하고 싶은 것, 대중에게 전달하고 싶은 것들을 거리의 벽이나 바닥에 새겨 넣어요. 갤러리나 미술관의 벽, 혹은 전시를 위해 세운 가벽에 작업을 하기도 하고요. 사용하는 캔버스가 다를 뿐 일반 회화 작가들과 하는 일은 비슷해요. 요즘에는 캔버스에 작업을 한 후 갤러리에 전시를 하는 경우도 많고요.

상업적인 목적을 위해 작업하는 경우도 많아요. 뮤직비디

더 알고 싶어요!

오베이 Obey

그라피티 아티스트. 한 남자의 이미지를 확대하고 복사해서 배열하는 방식의 작품으로 활동을 시작했어요. OBEY라는 단어를 규칙적으로 사용하고, 그것을 하나의 상징으로 삼았죠. 그의 작품은 스트리트 브랜드가 되어 전 세계 사람들에게 사랑받고 있어요.

오나 CF, 드라마, 영화와 같은 영상의 배경을 위해 작업하는 것이 대표적인 경우죠. 기업의 신제품 출시, 소규모 패션 관련 업체의 프로모션이 있을 때 무대를 꾸미기도 해요. 혹은 행사에서 라이브 페인팅을 하는 경우도 있어요. 인테리어를 위해 일반 상가나 개인 사업장을 꾸미기도 하고, 학교나 문화재단

렛츠런파크 페스티벌 라이브 페인팅

에서 교육을 하기도 하고요.

그라피티의 니즈가 있는 곳이면 어디든 우리의 캔버스가 될 수 있어요. 그라피티작가들의 많은 수가 자신들의 이미지를 상품과 접목하는데 스스럼이 없고, 그라피티가 다른 회화 장르에 비해 상업적인 작업 활동이 많아 다양한 곳에서 그라피티를 만날 수 있어요.

AOA 사뿐사뿐 뮤직비디오

편 유명한 그라피티작가들을 봐도 남자가 많은 것 같은데 남녀비율은 어떻게 되나요?

최 정확하게 얘기할 수는 없지만 활동하면서 보니 남성 작가들이 많은 것 같아요. 거리에서 하는 작업이다 보니 남성들이 선호하는 것 같긴 하지만 정확한 이유는 모르겠어요. 어쨌든 남성 작가들이 많다 보니 여성 작가들의 역할이 그 어느 곳보다 필요한 곳이라고 생각해요. 다양성이라는 측면에서 어느 분야든 한 가지 성별의 사람들로만 구성되는 것보다는 여성과 남성이 골고루 분포되어 있는 게 바람직하잖아요.

외국의 경우 여성 작가들도 왕성히 활동하고 있어요. MADC라는 작가가 대표적인데요, MADC 작가는 전 세계를 돌아다니며 자신만의 스타일을 살린 작품을 만들며 활발히 활동하고 있어요. 많은 작가들에게 인정받는 작가이며, 그라피티 스프레이를 만드는 회사에서 후원하는 대표 여성 아티스트이기도 해요. 구글이나 유튜브를 통해 그녀의 작품과 스타일을 감상해보세요.

외국의 그라피티작가와 다른 점이 있을까요?

편. 외국의 그라피티작가와 다른 점이 있을까요?

최. 개인적인 생각으로 우리나라 작가나 외국의 작가나 다른 점은 별로 없어요. 단지 외국 작가들의 작품을 보면 소재나 주제가 좀 더 다양하다는 정도죠. 아무래도 우리나라에 비해 상대적으로 자유로운 사고가 가능한 환경에서 교육을 받아 그런 게 아닐까 싶어요. 저는 우리나라 교육에서 다뤄야 할 부분 중 다양성이야말로 더 강화되어야 할 부분이라고 생각해요. 시상에도 정답을 정해놓거나 교복을 입게 하고 두발을 규제하면서 획일성과 경직성을 강요하고 있잖아요. 이런 문화에서 벗어나 유연하고 다양한 사고를 할 수 있는 교육환경이 제도적으로 뒷받침되면 좋겠어요.

우리나라의 유치원이나 초등학교에서는 아이들이 그림을 그리면 교사나 부모가 그림에 손을 대는 일이 다반사예요. 프랑스아트센터에서 본 풍경과 너무나 대비되는 모습이죠. 그곳에서는 교사나 부모가 아이들이 그린 그림이 어떻든 손을 대지 않아요. 우리나라도 그런 교육문화 정착이 필요해 보이네요. 지금 우리가 살고 있는 시대는 한 가지 말로 규정되지 않아요. 굉장히 복합적이죠. 그런 만큼 개개인의 다른 생각들을 좀 더 다양한 방식으로 표현했으면 해요. 그라피티 역시 마찬가지고요.

편 이 분야에 대한 수요가 많은가요?

최 힙합 문화가 어느 정도 자리를 잡았고, 힙합을 아트로 표현하고자 하는 욕구가 많은 것을 볼 때 수요가 적지는 않다고 생각해요. 또한 전 세계적으로 20세기 중후반에 일어난 포스트모더니즘 이후로 현대미술에서는 어떤 이즘Ism, 체계화된 이론이나 학설이나 양식도 나오지 않고 있어요. 개인적으로 그라피티라는 스트리트 아트가 포스트모더니즘 이후의 이즘이 되지 않을까 생각해요. 지금 현대미술에서 그라피티는 그 어떤 장르보다

더 알고 싶어요!

포스트모더니즘 Postmodernism

포스트모더니즘은 1960년에 일어난 문화운동이에요. 19세기 사실주의에 대한 반발로 20세기 전반 모더니즘이 일어났고, 다시 이에 대한 반발로 포스트모더니즘이 일어났죠. 미술, 건축, 무용, 연극에서는 실험정신과 저항정신이 강하게 드러났어요. 1980년대 말 동구권의 사회주의 몰락과 문민정부의 출현은 한국 문학과 예술에도 포스트모던 바람을 일게 했어요.

중요한 부분을 차지하고 있으니까요. 젊은 사람들 사이에서는 긱^{Geek, 괴짜}하거나 힙^{Hip, 자신만의 개성과 감각을 드러내며 남다른 것을 찾아 나선 사람들의 특성을 지칭}한 것, 즉 새롭고 신기한 것들이 멋이 되고 그것들을 표현하려는 욕구가 굉장히 많아요. 그런 것들을 표출하는 방식이 한정적이다 보니 그라피티가 계속해서 그 통로가 되어줄 거라고 생각해요.

편_ 현역에 있는 그라피티작가는 몇 명인가요?

최_ 본인의 신상을 알리지 않고 조용히 작업하는 경우도 있고, 그라피티작가만으로 구성된 조직도 없으니 정확하게 몇 명인지 알 수는 없어요. 그리고 현업에 있는 아티스트 중 일부는 그라피티라는 장르를 많이 차용하고 활용하기도 해요. 그렇지만 그런 분들은 본인이 그라피티작가라고 얘기하지는 않죠. 그런 이유들로 정확한 수를 알 수는 없지만 일전에 그라피티작가를 추모하는 전시가 있었어요. 그 장소에 대략 40~50명 정도의 그라피티작가가 모여 그분을 기억하며 그림을 그린 적이 있었죠. 그런 점을 볼 때 대략 40~50명 정도 되지 않을까 추측하고 있어요.

INC45 추모 작품

편 이 직업만의 매력과 장점은 무엇인가요?

최 텅 빈 벽에 영혼을 불어넣는 그라피티의 매력은 정말 많아요. 첫 번째 매력으로 빠른 시간 안에 자신의 생각을 표현할 수 있다는 것을 들 수 있겠네요. 유화나 아크릴화, 수채화처럼 그리는 데 시간이 오래 걸리지 않아 넓은 면적을 빠르게 채워나갈 수 있죠. 수정도 바로바로 가능하고요.

두 번째로 갤러리가 아닌 거리에서 많은 사람들과 소통할 수 있다는 것도 큰 매력이에요. 누구나 한 번쯤은 길을 거닐다가 건물 벽에 그림이 그려진 걸 본적이 있을 거예요. 길거리에서 만나는 그라피티는 길 위의 모든 사람들 것이에요. 누구나 보고 즐길 수 있죠.

마지막으로 말하고 싶은 매력은 자유로움이에요. 앞서 얘기했듯이 그라피티는 낙서에서 출발했어요. 낙서로 시작한 것이라 형식이나 소재의 제한이 없으며 그 어떤 장르보다 다이내믹하고 자유분방한 상상력을 품고 있죠. 내가 하고 싶은 이야기를 내 방식대로 표현하면 돼요.

그라피티와 캘리그라피의 콜라보레이션

편 이 직업의 단점에 대해 알려주세요.

최 예전엔 거리에 그릴 장소들이 많았는데 지금은 별로 없어요. 서울에서 그라피티를 할 수 있는 곳은 압구정동 한강공원 가는 길과 신촌 토끼굴 단 두 곳뿐이에요. 선진국처럼 그라피티작가를 위한 창작 공간을 늘리면 좋겠어요. 공식적인 장소가 더 늘어난다면 법의 테두리 안에서 시민들과 소통할 수 있는 기회가 더 많아질 테니까요.

비용적인 측면에서 보자면 재료인 스프레이의 가격이 고가라 부담이 많이 되기도 해요. 현재 국내에 나와 있는 스프레이는 모두 공업용이거나 건설용이에요. 그러다 보니 아무래도 질적인 면에서 한계가 있죠. 그래서 색도 다양하고 퀄리티도 좋은 수입 스프레이를 사용하는데 가격이 비싸서 큰 부담이 될 수밖에 없어요. 그라피티를 처음 시작하는 분들에게는 우리나라 스프레이로 어느 정도 연습을 한 후 실제로 그릴 때는 수입 스프레이를 사용하는 것을 추천해요.

편 그라피티작가의 미래는 어떨까요? 전망은 어떻게 보세요?

최 그라피티는 숨어서 활동하던 스트리트 아트에서 이제는 파인 아트Fine Art. 순수미의 구현을 위한 예술적 동기에 의하여 창조된 미술를 대체할 예술로 평가되고 있으며, 현대미술의 큰 흐름을 이끌고 있다고 생각해요. 갤러리에서 전시되는 모습도 더 이상 낯설지 않고요. 외국에서는 훨씬 전부터 그런 경향이 있었어요. 뱅크시나 오베이 같은 유명 작가들의 작품이 고가로 거래되고 있죠. 프랑스의 루브르 박물관과 퐁피두 센터, 영국의 테이트 모던, 미국의 뉴욕 현대 미술관 등 유수의 박물관과 미술관에서는 그라피티 전시를 열기도 하고요. 또 세계적인 명품 브랜드들이 그라피티 아티스트와 협업하는 것도 종종 볼 수 있어요.

이런 경향을 볼 때 앞으로도 그라피티작가를 찾는 기업은 더욱더 많아질 거라고 생각해요. 예전보다 더 많은 사람들이 힙합 문화를 즐기고 있어요. 그 사람들 중 많은 수가 그라피티에 매력을 느끼죠. 힙합을 사랑하는 사람들은 물론 일반 시민들도 그라피티가 거리에 활기를 불어 넣는다고 생각하고요.

녹사평역 역사
5678서울도시철도와의 그라피티 프로젝트

그런 시민들의 의식이 반영되어 공공미술로서의 가치도 높게 평가받고 있어요. 명실상부 현대미술에서 가장 중요한 부분을 차지하고 있으니 미래 역시 밝을 것으로 전망해요.

GRAFFITI

" 그라피티작가의 "
세계

편 그라피티작가가 일하는 곳은 어디인가요?

최 전에는 주로 거리에서 활동했지만 요즘 그라피티작가는 정말 다양한 곳에서 활동하고 있어요. 인테리어, 뮤직비디오, 드라마, 영화, 축제, 패션, 갤러리 등 그라피티를 접목시킬 수 있는 분야라면 어디든 활용되고 있으니까요. 광고나 뮤직비디오, 영화, 드라마 촬영 시 배경 등에 쓰이는 경우가 많아요. 업체 측에서 벽을 제공하고 어떤 느낌으로 가자고 방향을 제시하면 작가들은 거기에 맞게 또는 자신의 감성을 더해 그라피티 월Graffiti Wall을 만들게 되죠. 인테리어와의 접목도 비슷해요. 점주가 원하는 느낌을 듣고 그런 분위기를 내기 위해 노력하죠. 갤러리에서의 전시는 주로 자신만의 이야기를 담은 작품, 본인만의 느낌과 스타일을 보여주는 것이 주목적이에요. 이처럼 요즘은 그라피티를 거리에서만이 아닌 상업시설의 실내나 스튜디오, 각종 미디어에서 만날 수 있죠.

클럽 더 독스

리그 오브 레전드 월드 챔피언십

편 작품에서 주로 다루는 주제가 있나요?

최 대부분의 작가는 저마다의 세계관을 가지고 있으며, 자신의 세계관을 작품에 투영하죠. 저 역시 그렇고요. 저는 사람들이 자신이 하고 싶은 일, 좋아하는 일을 하는 세상을 꿈꿔요. 그런 이유로 제 작품에는 카모플라쥬Cmouflage 문양이 많이 들어가죠. 카모플라쥬의 사전적 의미는 군인들의 위장, 보호색이나 형태 등을 통한 동물들의 위장이란 뜻인데, 카모플라쥬를 볼 때마다 도시 안에서 살아가는 우리들의 모습과 너무나도

닮았다는 생각이 들거든요. 사람들이 저마다의 개성을 마음껏 드러내며 자신을 표현하고 자신이 좋아하는 일을 하는 세상을 바라며 원래의 위장 색 대신 다양한 색을 사용해요. 자신이 사랑하는 일을 하면서 살아가자는 의미의 'LOVE CAMO LIFE'라는 모토도 만들었고요.

삼청동 독립운동가 시리즈

그리고 저는 우리나라의 근현대사, 그 중에서도 나라를 위해 투쟁하신 독립운동가 분들에게 관심이 많아요. 유명한 독립운동가뿐만 아니라 잘 알려지지 않은 독립운동가를 소재로 시리즈 작품을 제작 중이에요. 스탠실 기법을 사용해 작품을 만들고 있으며, 최근엔 독립운동가들과 더불어 근현대사의 주요 인물들도 작품의 소재로 삼고 있어요.

카모플라쥬와 독립운동가 등 저의 세계관과 관심사를 담아 다양한 작품을 만들고 있는데 작업을 할 때는 주로 두들링 방식을 사용하고 있어요. 두들링은 가벼운 마음으로 손 가는 대로 그림을 그려나가는 방식인데요. 마음속에 담아두었던 이미지나 키워드들이 무의식 속에서 상호작용을 하다 두들링을 통해 살아있는 유기적인 이미지로 그려지고 만들어지죠. 저는 특별히 기계적인 느낌을 더 좋아해서 그런 느낌이 나도록 인물이나 글자들을 만들어가고 있어요. 손 가는 대로 그리는 것이라 누구나 쉽게 따라 할 수 있으니 여러분도 한 번 시도해보세요.

작가의 입장에서 좋은 작품이란 어떤 것인가요?

편 작가의 입장에서 좋은 작품이란 어떤 것인가요?

최 미술 작품을 감상하는 사람들에게 있어 좋은 작품이란 감동을 주는 작품이 아닐까요? 미학적인 기준과 상관없이 좋은 작품은 관객에게 감명을 주잖아요. 작가들의 입장은 좀 다르겠죠. 몇 번이나 얘기했지만 그라피티는 낙서예요. 낙서에 특별한 기준이 있을 리 없고, 당연히 어떤 기준에 따라 작품의 좋고 나쁨을 가릴 수도 없어요. 현대미술에서의 개념화나 추상화 같은 것들과 마찬가지로 테크닉이나 기법 등의 평가 기준이 있지 않거든요.

모든 작가들은 자신만의 기준이 있고, 그 기준에 부합하면 좋은 작품이라고 생각해요. 제가 생각하는 좋은 작품의 기준은 본인이 이야기하고자 하는 것을 자유롭게 작품에 담아냈는가 하는 것이에요. 저 역시 작품을 할 때는 제 이야기를 잘 담아내는 것에 중점을 두고 있죠. 작가로 살아가면서 한 가지 스타일을 고수하는 것보다는 계속해서 변화하고 있는 모습을 보여주는 것이 좋은 작가의 요건이라고 생각하고요. 물론 자신만의 스타일을 가지는 것은 좋지만 다양한 형태로의 변주가 있어야지 어떤 새로움도 없이 한 가지로 정형화되는 것은 제가 바라는 것이 아니에요. 각자 본인이 좋아하고 관심 있는 것들을 이용해 자신만의 스타일을 만들고, 계속해서 스타일의 변화를 도모하며, 자신이 가진 이야기들을 솔직하게 풀어낸다면 그게 바로 좋은 작품을 만드는 길이라고 생각해요.

편 새로 도전해보고 싶은 장르가 있나요?

최 거리미술이라고도 불리는 스트리트 아트는 넓게는 야외전시, 거리 퍼포먼스, 해프닝, 포스터, 낙서, 벽화 등 개방된 공

간에서 예술가들이 행하는 모든 예술을 말해요. 거리에서 행해지는 각종 퍼포먼스나 게시판과 전광판을 이용한 미디어 아트, 정치적이거나 사회적인 선전을 목적으로 한 정치예술까지 모두 스트리트 아트라고 할 수 있죠. 저는 스트리트 아트에 속한 장르 대부분을 좋아해요. 꼭 그라피티가 아니더라도 다른 장르의 스트리트 아트도 시도해보고 싶어요. 음악도 제가 좋아하는 것 중 하나인데요. 힙합, 재즈, 대중가요, 록 등 장르를 가리지 않고 듣는 편이죠. 요즘에는 재즈를 특히 많이 들어요. 그래서 음악과 그라피티를 결합해 뭔가를 만들고 싶다는 생각이 들 때도 있어요.

최근에는 VR^{Virtual Reality, 가상현실}을 이용해 실내에서 그라피티를 할 수 있는 프로그램도 출시되었어요. 추운 겨울에는 밖에 나가지 않고도 실내에서 VR로 그라피티를 즐길 수 있죠. 3D 펜이란 것도 출시되어 저도 3D 펜을 이용한 작품 제작을 시도하고 있고요. 요즘은 정말 빠른 속도로 새로운 기술이 등장하고 신제품들이 출시되고 있어요. 저는 새로운 재료나 프로그램, 제품들이 나오면 구입해 실험을 많이 해보는 편이에요. 그리고 어떻게 하면 그라피티와 결합해 사람들에게 신선한 자극을 줄지 고민하고 있고요.

인천국제디자인페어 VR 그라피티

편 그라피티가 우리의 삶에 어떤 의미가 될 수 있을까요?

최 제가 생각하는 그라피티는 단순히 글자나 그림을 그리는 것이 아니라 자신의 생각을 다양한 방식으로 표현하는 작업이에요. 우리의 삶에서 다른 사람과의 관계는 중요한 요소예요. 그렇지만 나 자신을 이해하고 나의 감정과 생각을 표현하는 일은 더 중요하죠. 그라피티는 나의 감정, 생각, 내가 바라는 것을 표현할 수 있는 아주 좋은 수단이에요.

우리 사회는 개개인이 조직 안에서 잘 드러나지 않기를 원해요. 회사는 튀는 것, 자신의 생각을 소신 있게 말하는 것을 꺼려하죠. 인격을 가진 한 사람이 아니라 일 잘하는 기계를 원하는 것만 같아요. 직원이 사적인 시간을 이용해 다양한 활동을 하는 것보다는 조직 안에서 더 오래 머물길 기대하죠. 그러면서도 톡톡 튀는 아이디어, 참신한 생각을 요구해요. 참 아이러니하지 않나요?

물론 모든 조직과 모든 상사가 그런 것은 아니에요. 그렇지만 상당히 많은 곳에서 이런 아이러니한 상황이 펼쳐지고 있다고 생각해요. 우리는 이런 상황을 겪으며 억제된 감정, 말하지 못했던 것들, 주저했던 순간의 생각들을 표출하고자 하는 욕망을 가지게 돼요. 표출의 욕망을 내재한 현대인들에게 그라피티를 통해 내 진짜 모습을 보여주는 일, 오롯이 자신만의 스타일로 나를 표현하는 일은 더욱 큰 의미를 가지게 되죠. 그라피티는 거리의 예술이라는 장르의 특성상 나를 표현하는 동시에 필연적으로 남에게 보일 수밖에 없어요. 그런 특성이 자신을 드러내길 꿈꾸는 오늘날 더 큰 주목을 받게 하지 않았나 싶고요.

편. 그라피티작가의 일과는 어떻게 되나요?

최. 정해진 일과는 없어요. 작가마다 생활패턴이 모두 다르니 하루를 보내는 패턴 역시 다 다르죠. 그렇지만 프리랜서이다 보니 대부분의 작가는 시간을 자유롭게 조절해서 사용하고 있어요. 저 같은 경우 보통 오후에 미팅과 작업을 해요. 야간에는 아이디어 구상이나 스케치를 하는 편이고요. 물론 조명이나 시간상의 여건을 고려해 오전이나 밤에 작업을 하는 경우도 종종 있고요.

편 시간이 날 때는 어떤 일을 하나요?

최 예전엔 운동을 좋아해서 일부러 시간을 내 스케이트보드를 타러 다니거나 친구들과 농구를 했어요. 요즘은 시간이 나면 온라인 게임을 하거나 팟캐스트를 듣고 영화를 봐요. 다른 많은 작가들과 마찬가지로 좋아하는 일을 하면서 여유시간을 보내고 있죠. 제가 하는 취미 생활 중에 특별한 건 없지만 그

런 여유시간을 통해 새로운 자극을 받기도 하고, 영감을 얻기도 해요. 그래서 될 수 있으면 좋아하는 일을 하며 보내는 시간을 늘리려고 하죠. 그런 시간들이 쌓여 새로운 구상이 만들어지고, 다음 작품이 탄생하니까요. 또 작업을 하다 보면 민감해지고 집중하려고 노력하다 보니 저도 모르게 스트레스를 좀 받게 되는데, 그런 스트레스를 좋아하는 일을 하며 풀 수도 있어 좋고요.

편 일을 잘 수행하기 위해 노력하고 있는 것이 있나요?

최 일을 하다 보면 이동하는 시간이 꽤 많더라고요. 그래서 그 시간을 이용해 오디오북이나 팟캐스트를 들어요. 정치나 문학, 철학에 관심이 많아 그런 분야를 주로 듣고요. 그리고 종종 다른 작가들의 작품을 보는데, 그러면서 생기는 경쟁심과 승부욕을 제 원동력으로 삼기도 해요. 다른 작가들이 쓰는 새로운 기법 등을 배우는 좋은 계기가 되기도 하고요.

해외 작가들의 작품이나 자료들도 많이 찾아봐요. 요즘은 컴퓨터나 스마트폰만 있으면 전 세계의 작품을 다 볼 수 있잖아요. 순전히 개인적인 호기심이나 취미로 하는 것들이지만 이런 일들이 저에게 자극을 주고, 이런 자극들은 작품에 영향을 미치게 돼요. 저는 우리가 살고 있는 지금, 현재의 모습을 바라보고 사회의 이면에 대해 고민하며 이런 고민을 작품에 담는 것을 중요하게 생각해요. 저는 현재의 우리 모습을 작품에 투영해 보여주는 작가니까요.

편 그라피티작가이기 때문에 겪는 애로 사항이 있나요?

최 글쎄요. 애로 사항은 딱히 없어요. 요즘은 그라피티에 대한 인식이 워낙 긍정적이어서 낙서한다고 비아냥거리는 사람들도 본 적이 없어요. 작가 입장에서는 정말 다행스러운 일이죠. 예전에는 네가 하는 게 무슨 미술이냐며 조롱을 당하거나 쓸데없는 짓을 한다고 안 좋은 소리도 들었거든요. 지금은 오히려 신기해하는 편이에요. 스프레이 하나로 어떻게 이런 그림을 그리는지 감탄하는 모습을 보면 기분도 좋고, 이런 일을 할 수 있어 행운이라고 생각해요.

편 스프레이로 작업을 하면 냄새가 심할 것 같은데요.

최 맞아요. 그래서 스프레이에서 나오는 냄새와 분진을 막기위해 작업을 할 때는 항상 방독면을 쓰는데 이게 쉬운 일은 아니에요. 간단한 작품을 완성하는 데에도 최소 두세 시간은 걸리고 대형 작품의 경우에는 열 시간 정도가 걸리는데 그 오랜시간 동안 방독면을 써야 하니까요. 그나마 지금은 나은 게 대학 때는 방독면에 대한 정보가 별로 없어서 면 마스크만 쓰고 작업했어요. 그림을 그리고 나면 코 안이 새카맣게 될 정도로 스프레이 가루가 많이 날렸죠. 작업을 할 때는 꼭 방독면을 착용하고, 장갑을 끼도록 하세요. 작업복을 착용하는 것도 좋고요. 피부에 묻은 스프레이는 물로 어느 정도 지워지지만 손톱에 묻으면 매니큐어를 지우는 아세톤을 사용해야 하죠. 번거롭기도 하지만 페인트 성분이 피부에 좋을 리 없겠죠?

_편 일을 하면서 받는 스트레스는 어떻게 해소하나요?

_최 앞서 얘기한 여유시간에 하는 일들이 제겐 모두 스트레스를 풀어주는 일이에요. 온라인 게임을 하거나 좋아하는 장르의 음악을 듣죠. 좋은 영화를 한 편 보면서 감동을 받기도 하고요. 그런 일을 할 때 가장 즐겁고 한동안 쌓여있던 스트레스가 날아가면서 제 마음이 한층 가벼워져요. 더 긴 여유시간이 주어지면 가족과 함께 여행을 떠나 지친 몸과 마음을 회복해요. 아니면 정말 아무 생각 없이 푹 자거나요. 잘 자고 일어나면 언제 그랬냐는 듯 고민이 사라지고 스트레스가 확 풀리기도 하거든요.

편 그라피티작가는 국내보다는 해외에서 더 좋은 대우를 받나요?

최 그렇다고 생각해요. 기본적인 인프라가 다르거든요. 우선 해외의 작가들은 개인전이나 기획전의 기회가 많아요. 또 전시회를 통해 적절한 가격에 작품이 판매되고 있고요. 더불어 전시회를 열었을 때 사람들의 관심도도 높죠. 이렇게 작품을 선보일 수 있는 기회, 작품의 판매량과 판매가에서부터 차이가 많이 나요. 국내 기업들도 우리나라 작가보다는 해외의 유명 작가를 후원하는 경우가 많고요.

우리의 경우 아직은 전시회도 많지 않고 전시회를 연다고 해도 판매되는 작품의 비율이 낮은 편이에요. 그렇지만 우리도 이제 예술을 친숙하게 느끼기 시작했고, 퇴근 이후 저녁의 삶을 즐기며, 소소한 행복을 누리는 즐거움을 알아가는 중이라 미래가 어둡지만은 않아 보여요. 문화재단 등 여러 단체의 지원 사업도 늘어나는 추세고요.

편 외국에는 그라피티 투어나 그라피티 축제도 있다고 들었어요.

최 네. 그라피티를 테마로 한 투어나 축제, 프로젝트 등 다양한 프로그램들이 많다고 알고 있어요. 미국 뉴욕이나 콜롬비아 보고타에 가면 그라피티가 그려진 골목을 둘러볼 수 있는 투어가 있고, 최근 독일에서는 'The HAUS'라는 대형 공장에서 그라피티 축제를 했다고 하더라고요.

K현대미술관, "대한민국낙서정부" 기획전

그리고 앞에서 언급했던 스페이스 인베이더라는 작가는 여행 책자를 출간하기도 했어요. 스페이스 인베이더는 전 세계를 돌며 픽셀 아트를 하는 작가인데요. 작가가 세계 여러 나라의 도시에 남긴 작품들을 마치 보물찾기하듯 찾아볼 수 있는 책이에요. 스페이스 인베이더의 그래픽 타일 조각을 따라가는 여행, 색다를 것 같지 않나요?

최근 우리나라에서도 신제품 홍보 등 다양한 분야에서 그라피티를 테마로 하는 일이 많아지고 있어요. 작품을 보는 것

라이브 페인팅

에 그치는 것이 아니라 관객들이 직접 그라피티를 배워보고 그려보는 프로젝트도 있고요. 한국관광공사나 서울시에서는 그라피티 축제를 열어 그라피티 작품은 물론 라이브 페인팅을 볼 수 있는 장을 마련하기도 했죠. 최근에는 부산에서 지방선 거를 앞두고 그라피티 퍼포먼스를 기획하기도 했어요. 기업체 와 정부 부처의 다양한 시도가 시민들과 그라피티를 더욱 가 깝게 만들어주고 있어요. 이런 기회를 통해 사람들이 틀에 얽 매이지 않는 감각과 에너지를 느껴보면 좋겠네요.

편. 그라피티작가로서 성취감을 느끼는 순간이 있나요?

최. 삼청동에서 작업한 독립운동가 작품을 시작으로 지금도 계속해서 독립운동가들의 이야기를 작품으로 만들고 있어요. 그 중에는 녹사평역에 남긴 몽양 여운형 선생님을 주제로 한 작품도 있는데, 그 그림을 갖고 싶다는 연락을 받았어요. 그림을 갖고 싶다고 해서 처음에는 갤러리 관계자나 단순 구매자라

삼청동, 박열 가네코후미코

고 생각했죠. 그런데 알고 보니 유가족이었어요. 작품을 새로 만들어서 그분들이 계신 영국으로 보내드렸죠. 처음에는 얼떨 떨했는데, 가족들에게 기쁨을 드렸다는 생각에 나중에는 뿌듯해지더라고요. 삼청동에 남긴 박열 의사와 가네코 후미코의 작품을 후손이 보고 고맙다는 연락을 주셔서 만났던 기억도 나네요. 그때도 이 시리즈를 하길 참 잘했다는 생각이 들었죠.

녹사평역, 몽양 여운형

GRAFFITI

"그라피티작가가"
되는 방법

편 그라피티작가가 되는 방법을 알려주세요.

최 그라피티작가가 되려면 우선 자신이 잘 하는 것이 무엇인지를 알아야 해요. 그림을 잘 그리는지, 글자를 잘 쓰는지, 아니면 아이디어가 좋은지 알아야 하는 거죠. 나만의 강점이 무엇인지 파악한 후에는 나의 생각을 어떻게 표현하는 게 좋을지 고민해야 하겠죠. 괜찮은 구상이 떠올랐다면 나만의 아이콘을 만들어보세요. 직접 스케치를 해도 좋고, 컴퓨터 프로그램을 이용해도 좋아요. 더불어 내가 생각한 이미지와 잘 어울리는 멋진 태그네임도 만들어보고요.

아이콘과 태그네임이 만들어지면 가능한 합법적인 장소에서 실제 벽을 이용해 자신의 스케치를 그리거나 작품을 프린팅해서 붙여보는 거예요. 다른 아이디어가 있다면 그 방법을 이용해도 좋겠고요. 그리고 어떻게 하면 남들과 다른 나만의 스타일을 만들 수 있을지 계속해서 연구해야 해요. 새로운 구상이 떠오를 때마다 SNS나 블로그를 이용해 자신의 작품을 꾸준히 올려보는 것도 이름을 알리는데 좋을 것 같네요. 프리랜서는 자유로운 만큼 자신이 노력하지 않으면 살아남을 수 없거든요.

편 그라피티작가가 되려면 어떤 과정이 필요한가요?

최 그림 그리는 것을 좋아하고 전문적으로 그림 공부를 하고 싶다면 미술 분야를 전공하는 것도 좋아요. 하지만 그라피티 작가가 되기 위해 꼭 미술을 전공할 필요는 없어요. 실제로 대학 등의 교육기관에서 관련 학과를 졸업하지 않고도 그라피티 작업을 하는 작가가 많거든요.

제가 만약 여러분 나이로 돌아간다면 전 여행을 다닐 것 같아요. 국내든 해외든 전국 곳곳, 세계 곳곳의 거리를 돌아다니며 다양한 작품과 풍경을 감상하고 싶거든요. 앞서 컴퓨터나 스마트폰이 온 세상을 다 연결해준다고 했지만 실제로 경험하는 것은 따라올 수가 없겠죠.

편 그라피티를 배울 수 있는 곳이 있나요?

최 그라피티를 가르치는 학원이나 학교는 아직 없어요. 복합문화공간인 상상마당에서 가끔 그라피티 특강을 진행하는 것으로 알고 있고요. 저는 중, 고등학교와 대학교에서 한 학기 또는 그 이상의 기간을 정해놓고 그라피티 특강을 하기도 하고, 방학을 이용해 예술캠프 같은 곳에서 그라피티를 가르치기도 해요.

더 알고 싶어요!

상상마당은 어떤 곳인가요?

KT&G 상상마당은 2007년 9월 홍대에 처음 개관된 복합문화공간으로 공연, 영화, 디자인, 시각예술, 교육 등 문화예술 전반에 걸쳐 다양한 분야의 트렌드를 제시하고 공유하면서 새로운 문화를 만드는데 기여하고 있어요. 홍대에 이어 춘천, 논산에도 문화공간을 운영하고 있죠. KT&G 상상마당 홍대는 영화관과 공연장을 비롯하여 디자인 전문샵, 갤러리, 아카데미, 사진 암실, 카페 등 다채로운 예술 활동과 교류를 위한 공간을 통해 예술가들에게는 문화예술 창작 활동 지원을, 일반인들에게는 문화향유 기회를 제공하는 데에 설립 목적을 두고 있어요.

🖪 학생들 중에는 이 직업을 갖고 싶어 하는 친구들이 많을 것 같아요.

🖪 네. 그라피티에 관심 있는 학생들이 있긴 한데, 그런 학생들이 연습이나 작업을 하려고 해도 그라피티가 가능한 곳을 찾지 못해 난관에 부딪히는 경우가 많아요. 프리 월^{자유롭게 그라피티 할 수 있는 벽}은 서울의 압구정동 한강공원 가는 길과 신촌 토끼굴 단 두 곳뿐이죠. 그러던 와중 서울 신촌 기차역 지하 인도의 정비사업 고문으로 참여하게 되었어요. 저는 이 기회를 이용해 그곳을 프리 월로 만들고 싶었어요. 저와 뜻을 같이하는 분들이 강력히 요청하자 서대문구청에서는 그라피티 프리 월의 필요성과 시민들의 욕구를 이해하고 받아들였어요. 그리고 '프리 월 프로젝트'를 진행하게 되었죠. 신촌 기차역 지하 인도는 2018년도부터 프리 월로 지정되어 누구든 자유롭게 그라피티를 할 수 있는 공간이 되었으니 어린 학생들이 많이 이용하며 꿈을 키워나가면 좋겠네요. 저는 서대문구와 같은 시도들이 더 많아져야 한다고 봐요. 전국적으로 폐가나 폐공장 등 버려지는 공간들이 많잖아요. 문화재단이나 문화진흥원 등에서 이런 공간을 활용하면 좋을 것 같아요.

신촌 기차역 토끼굴 프리월

편 그라피티작가가 되기에 유리한 전공이 있나요?

최 그라피티 역시 그림을 그리는 일이니 미술 분야를 전공한다면 도움이 되겠죠. 디자인이나 만화, 회화 등을 공부하고 표현하는 기술을 익힌 사람은 일단 유리해 보여요. 미술적인 기술이 없는 사람은 자신이 상상하는 것을 그대로 표현하기가 쉽지 않거든요. 그렇지만 대학이나 학원 등에서 공부를 하지 않았다 하더라도 관심을 가진 그 순간부터 공부해도 늦지 않아요. 기본적인 기술들은 생각보다 금방 익히게 되거든요. 이 부분은 개개인이 얼마나 노력하는지의 문제이기도 하고요.

그러니 전공을 하지 않았다고, 미술적 재능이 없다고 좌절할 필요는 없다고 생각해요. 그라피티는 자유로운 표현 방식이 장점이잖아요. 그럼 그것을 적극적으로 이용해볼 필요가 있어요. 예를 들어 그림 그리는 기술이 부족하다면 그림이나 사진들을 편집하고 프린트해서 붙이는 등 자신만의 새로운 표현 방식을 만들면 돼요. 앞서 얘기한 오베이도 그림을 직접 그리기보다는 이미지를 편집해서 프린트하고 그것을 붙이는 방식을 사용했죠. 자신의 감성과 이야기를 표현하는 방식은 매우 다양해요. 문제는 자신에게 맞는 방법을 찾는 일이죠.

편 학창시절에는 어떤 준비를 하면 좋을까요?

최 아이디어가 떠오를 때마다 스케치와 메모하는 습관을 들이는 게 좋아요. 괜찮은 생각이 떠오를 때, 느낌이 좋은 것을 봤을 때 생각만 하고 넘어가면 실제 작업을 할 때 기억나지 않는 경우가 많거든요. 작가가 되어 일하다 보니 실제로도 과거의 메모들이 도움이 되는 경우가 많으니 꼭 메모하는 습관을 가지면 좋겠어요. 또 새로운 구상이 떠오를 때마다 스케치를 하다 보면 기술도 늘어나 연습이 되고요. 기술이 늘수록 내가 표현할 수 있는 범위가 늘어나는 것은 당연하겠죠.

연습을 할 때는 다양한 시도를 많이 해보는 것을 추천해요. 처음엔 어떤 주제를 그리며 연습해야 할지 모르겠다면 다른 사람들의 작품을 보며 따라 그려보는 것도 좋아요. 그런 식으로 연습을 하고 기술을 연마하다 보면 자신만의 그림이 그리고 싶어질 거예요. 그때가 되면 멋지지 않더라도 나만의 작품을 그려보고, 그 작업을 꾸준히 해보세요. 정해진 틀에 따르는 것이 아니라 새로운 시도도 해보면서요. 그런 시간이 쌓이면 나만의 개성과 특징을 가진 시그니처 라인이 생길 거예요.

편. 그라피티작가가 되고 싶다면 무엇부터 시작할까요?

최. 보통 작가들은 태그네임부터 만들어요. 자신을 표현하는 것이 가장 중요한 분야이다 보니 남들과 다른 이름을 만들어 활동하는 것이 중요하죠. 나를 잘 표현할 수 있는 멋진 태그네임을 만들고, 스프레이나 붓 등을 이용해 독특한 방법으로 표현하는 것이 그라피티의 시작이라고 할 수 있어요.

그라피티작가가 되기 위해 필요한 자격이 있나요?

편 그라피티작가가 되기 위해 필요한 자격이 있나요?

최 필요한 자격은 없어요. 자신이 하고 싶으면 할 수 있는 일이니까요. 누가 해도 된다고 허락해야만 할 수 있는 일도 아니고요. 당연히 자격증도 따로 없죠. 어떤 공부를 마쳤다거나 자격을 취득해서 작가가 되는 것이 아니라, 자신만의 색을 가지고 꾸준히 자신의 이야기를 하는 사람이 있다면 그 사람이 작가라고 생각해요. 고흐는 평생을 자신의 작품을 알아주는 사람이 없어 그림 한 장 팔지 못했지만 지금 고흐가 작가냐고 묻는 사람은 없잖아요? 누구든 하고 싶으면 할 수 있는 일이니 중요한 것은 이 일을 할 수 있는 자격이 아니라 얼마나 나를 잘 표현하는 지예요. 그 점을 잊지 말고 꾸준히 나만의 스타일을 찾는 일에 몰두하면 좋겠어요.

편 외국에서 공부해야 하나요?

최 외국에도 그라피티와 관련된 커리큘럼은 없는 것으로 알고 있어요. 그런 상황에서 반드시 외국에 나가 공부할 필요는 없다고 생각해요. 물론 외국의 경우 좀 더 자유로운 분위기가 있고 그라피티를 바라보는 시선 또한 열려있는 경우가 많아요. 인프라나 작업을 할 수 있는 공간도 상대적으로 더 많고요. 그런 장점이 있긴 하지만 필수는 아니에요. 현재 우리나라에는 외국에 나가지 않고도 훌륭히 작업을 해나가는 작가들이 많아요. 저 또한 외국에서 유학하지는 않았고요.

편 외국어를 잘해야 하나요?

최 외국어를 꼭 잘할 필요는 없지만 외국어를 잘하면 장점이되긴 해요. 예를 들어 요즘은 SNS로 전 세계가 연결되다 보니 내 작품을 SNS에 올린 후 외국어로 작품을 소개하고 관심 있는 사람들과 작품에 대해 얘기한다면 소통하기가 쉬우니까요. 하지만 이것은 단지 하나의 장점일 뿐이에요. 결국은 그라피티도 예술 활동 중 하나이기 때문에 설명 없이 보는 것만으로 느낄 수 있거든요. 필요하다면 외국어를 잘하는 친구들의 도움을 받으면 되고요. 결론적으로 잘하면 좋지만 필수인 것은 아니죠.

편. 외국에 가서 많은 것을 보고 느끼고 오면 도움이 될 것 같아요.

최. 맞아요. 이 부분은 정말 큰 도움이 된다고 생각해요. 저는 중국과 프랑스, 베트남을 다녀왔는데요. 다녀올 때마다 제 자신이 얼마쯤 성장하는 기분이 들어요. 여행지에서 보고 듣고 느낀 것들이 저에게 자극이 되어 고민할 거리를 만들어주거든요. 그리고 그라피티는 규모가 큰 작품들이 많기 때문에 컴퓨터나 스마트폰을 통해서 보는 것과 현장에서 직접 대면하는 것에는 큰 차이가 있죠. 규모에서 오는 웅장함과 직접 눈으로 봤을 때만 보이는 디테일의 섬세함을 느낄 수 있으니까요. 주변 환경과의 조화로움도 실물로 봤을 때만 느낄 수 있는 것 중 하나이고요. 만약 여유가 된다면 여행을 통해 우리나라와는 다른 환경에서 우리가 아직 시도하지 않았던 새로운 스타일을 보면서 많은 감흥을 얻었으면 좋겠네요.

프랑스, 그라피티샵

Job
Propose 17

편 여행을 통해 나만의 스토리와 콘텐츠도 만들 수 있을 것 같아요.

최 인터넷만 있으면 세계 어디든 그 풍광을 감상할 수 있는 시대지만 모니터로 보는 것과 실제로 가보는 것에는 확연히 큰 차이가 있겠죠. 여행을 떠나면 여행지의 아름다운 건축물과 신비로운 이야기는 물론 떠나기 전의 설렘, 이동 시간에서의 사색, 뜻밖의 만남, 계획대로 되지 않는 모든 것들이 나만의 경험이 되어 차곡차곡 쌓이게 돼요. 꼭 해외가 아니더라도 어디든 마음이 가는 곳을 자주 다니다 보면 영감을 주는 것들을 만나게 마련이죠. 아무 생각 없이 걷는 동안 생각지도 못했던 아이디어가 떠오르기도 하고요. 처음 보는 신기한 것들이나 놀라운 것들에서 자극을 받을 수도 있어요. 그런 경험들은 분명 나에게 영향을 미치며 나만의 이야기를 만들어내는 콘텐츠가 되리라 생각해요.

편 그라피티작가가 되기 위해서는 어떤 자질을 갖추어야 하나요?

최 반드시 필요한 자질 같은 건 없지만 장점이 될만한 자질은 몇 가지 있어요. 개인적으로 가장 중요하게 생각하는 자질은 자유로운 사고예요. 틀에 얽매이지 않으며 열린 마음을 가지고 자유로운 생각을 하는 사람들이 이 일을 잘할 수 있다고 생각하거든요. 이런 사람들은 자신이 하고 싶은 일에 대한 세상의 시선이 어떻든 그대로 받아들이고 자신만의 길을 걸어요. 또 누구나 하는 뻔한 생각보다는 좀 튀는 생각, 누구도 하지 못했던 기발한 생각을 하는 사람들도 이 일에 적합해 보이고요. 생활양식 전반에서 평범한 것보다는 다른 사람과 차이를 두려고 노력하는 사람, 자기표현 욕구가 강해서 마치 태양처럼 스스로 빛나기를 바라는 사람, 나를 표현하는 방식이나 수단에서도 다양한 시도를 해보는 사람이 이 일을 잘할 것 같아요.

GRAFFITI

"그라피티작가가"
되면

편 새로운 콘텐츠를 끊임없이 개발해야 할 것 같아요.

최 평생 한 가지 스타일의 작품만 그리는 작가들도 있어요. 그런 식으로 한 가지 스타일을 고수하는 것이 그분들만의 방식이니까요. 하지만 저는 창의적인 일을 하는 작가로서 계속해서 새로운 모습을 보여주고 싶어요. 물론 비슷한 형태의 연작 시리즈가 있긴 하지만, 그것만 하는 것이 아니라 그 외의 작품에서는 다양한 시도를 하려고 노력 중이죠.

개인적으로 가수 故 신해철이 다양한 음악 장르를 즐기며 작품 활동을 한 것에서 많은 영향을 받았어요. 그분의 활동을 보면서 느끼고 배운 것이 항상 새로운 것을 추구하는 지금의 저를 만들었어요. 그래서 늘 새로운 콘텐츠를 만들기 위해 스프레이와 다른 재료를 섞어 사용한다거나 그라피티와 다른 분야의 협업을 진행하는 등 색다른 시도를 많이 해왔죠.

예를 들어 최근에 VR을 이용한 그라피티 프로그램이 출시되었어요. VR 기기와 프로그램을 이용하면 외부로 나가지 않아도 실내에서 편하게 그라피티를 할 수 있게 되었죠. 저도 사용해봤는데 스프레이가 분사되는 모습이나 벽의 질감을 표현하는 수준이 높아서 꼭 실제로 작업하는 느낌이 나더라고요. 스프레이로 인한 냄새나 분진도 없고요. 반면 다른 컴퓨터 프로그램처럼 실행 취소나 한 번에 벽 전체를 페인트로 덮는 편리한 기능들은 없어서 실제로 작업할 때처럼 두세 시간씩 걸리죠. 오랜 시간 VR 기기를 착용하고 그려야 하니 방독면을 착용하고 그릴 때처럼 좀 답답한 감이 있고요.

그리고 3D두들링펜이란 것도 새롭게 출시된 걸 보고 구입해 연습 중에 있어요. 플라스틱 소재를 녹여서 평면적인 형태

3D두들링펜 작품

부터 입체적인 형태까지 자유롭게 그리고 만들 수 있는데 사용해보니 굉장히 재미있네요. 소모품인 플라스틱 재료가 조금 비싼 편이지만 내가 생각한 이미지나 형태를 입체적으로 만들어보고 싶은 분들께 추천해요.

저의 새로운 시도에는 다양한 분야와의 협업도 있는데요. 의류 브랜드와의 협업으로 디지털로 작업한 작품을 후드나 티셔츠에 새겨 넣은 상품도 있고, 스마트폰 케이스나 모자 등 다양한 상품과도 콜라보레이션하고 있죠. 현재는 스니커즈 브랜드인 L사와 그라피티 신발과 독립운동가 신발을 준비 중이에요. 기존에 보던 평범한 신발이 아니라 그라피티 작품과 독립운동가들의 이야기를 담은 매우 독특한 신발이 출시될 예정이에요.

편 직업을 선택할 때 수입도 중요하잖아요. 수입은 어느 정도 되나요?

최 프리랜서라는 직업 특성상 수입이 일정하지 않아요. 그래서 구체적으로 매월 얼마씩 번다고 말하긴 힘들지만 제 식구인 아내, 아들, 딸, 반려견 두 마리와 매니저, 후배 아티스트가 먹고 살 정도는 벌고 있어요. 저와 비슷한 연배에 회사에 다니는 분들의 얘기를 들어보면 그분들의 평균적인 월급보다는 많던데요.

편 작업 시간을 정해놓고 일하나요?

최 작업을 할 때는 시간보다는 작품이 들어갈 벽면의 크기를 정해놓고 시작해요. 예를 들어 오늘은 가로 3m, 세로 2m 정도의 벽면 작업을 해야겠다고 마음먹는 거죠. 보통 이 정도 크기의 벽면 작업은 두세 시간이면 끝나고요. 반면 작업 전 아이디어 회의나 생각하는 것을 잘 표현했는지에 대해 고민하는 시간은 대중이 없어요. 그때그때 상황에 따라 굉장히 오래 걸릴 수도, 한순간에 끝날 수도 있거든요.

편 매니저가 있으신데 일정도 다 관리해주나요?

최 네. 매니저가 대부분의 일정을 관리하고 있어요. 제가 작업할 때는 사진을 찍고 영상 촬영도 해주고요.

편 근무 여건은 어떤가요?

최 일반 회사처럼 주 5일을 근무한다거나 몇 시부터 몇 시까지 근무한다는 규정은 없어요. 일이나 프로젝트가 있으면 모여서 작업하거나 회의를 하죠. 그리고 나머지 시간에는 각자 개인적인 활동을 하고요. 회사와 달리 유동적이에요. 저 같은 경우 사무실처럼 갇히고 경직된 공간보다는 카페나 야외에서 아이디어가 더 잘 나와요. 그래서 밖으로 나가 돌아다니며 브레인스토밍을 많이 하죠. 쓸 수 있는 시간이 자유로운 만큼 결과물을 내고 그것에 책임을 져야 하는 것도 온전히 제 몫이에요.

편 노동 강도는 어느 정도인가요?

최 큰 규모의 작업을 하는 경우엔 하루에 열 시간까지도 그림을 그릴 때가 있어요. 언뜻 들으면 고역일 것 같지만 좋아서 하는 일이다 보니 마냥 힘들지만은 않아요. 일반적인 노동이었다면 힘들어서 중간중간 쉬고 하루에 끝나지 않는 경우 다음날로 미루기도 할 것 같은데, 즐기면서 하는 일이다 보니 컨디션이 좋을 때는 작업 시간이 길어져요. 반대로 컨디션이 좋지 않으면 쉬기도 하니 강도는 매번 제가 조절할 수 있는 거죠.

Job
Propose 17

편 직업병이 있나요?

최 손가락으로 스프레이의 압력을 조절하고 어깨를 좀 많이 쓰는 편이라 작업 시간이 길어질 경우 좀 뻐근하긴 해요. 그렇지만 심하진 않아 따로 질병이 있지는 않아요. 또 작업을 할 때는 방독면을 꼭 착용하다 보니 아직 호흡기 쪽에도 문제가 없고요. 저 같은 경우에는 스프레이를 주로 사용하기 때문에 방독면이 굉장히 중요해요. 요즘 방독면은 성능이 좋아서 필터를 자주 갈아주면서 사용한다면 호흡기에 큰 무리는 없을 것 같아요.

편 가장 기억에 남는 일은 무엇인가요?

최 GD × TAEYANG의 음반 재킷에 들어갈 그라피티 작업을 했을 때가 기억에 많이 남아요. 작업 3일 전까지도 보안 때문에 누구의 앨범을 작업하는지 알 수가 없었어요. 노래 제목이 〈GOOD BOY〉라는 것만 알고 있다가 작업에 들어가서야 가수가 G-DRAGON과 태양이라는 것을 알게 되었죠. 인상적이었던 것은 제가 작업하는 동안 G-DRAGON이 계속 참관하고 있었다는 거예요. 어찌 보면 작은 부분일 수 있는데 세심한 부분까지 하나하나 신경을 쓰는 자세가 가수로서 독보적인 위치에 오르게 하지 않았나 싶어요.

편 전시회도 하나요?

최 네. 개인전은 물론 단체전과 기획전 등 다양한 전시를 하고 있어요. 2015년에는 광복 70주년 기념으로 세종문화회관 광화랑에서 독립운동가를 주제로 전시회를 했어요. 2017년에는 개인전과 기획전을 포함해서 세 번 정도 전시를 했는데, 그 중 한 번은 홍대 클럽에서 열린 하우스 파티를 겸한 전시회였어요. 그리고 겨울 쯤 안중근 좌상 작업을 하는 분과 또 다른 몇 명의 작가들과 독립운동가 기획전을 했고, 작년 12월

부터 올해 3월까지 3개월 동안 압구정동의 K현대미술관에서
〈GEEKY LAND:이상한 나라의 괴짜들〉이라는 기획전을 했
어요.

개인전 포스터

편 다른 분야로 진출이 가능한가요?

최 간혹 그라피티작가로 활동했던 분이 디자인 분야로 가기도 해요. 그라피티 작업을 하면서 디자인을 겸업했던 분들이 종종 그런 식으로 진출하죠. 그리고 아직은 불법이지만 타투이스트가 되는 경우도 많이 있어요.

편 그라피티작가로서 할 수 있는 일은 또 어떤 게 있을까요?

최 현대사회는 계속해서 새로운 과학기술을 쏟아내고 있어요. 그라피티와 접목할 수 있는 분야도 그만큼 많아지고 있죠. 저는 VR을 이용한 VR그라피티를 하고 있는데, 저처럼 VR을 기본으로 현재 나와 있는 프로그램을 이용해 퍼포먼스를 할 수도 있고, 라이브 페인팅도 가능하겠죠.

앞으로는 VR이나 AR^{Augmented Reality, 현실에 존재하는 이미지에 가상 이미지}를 겹쳐 하나의 영상으로 보여주는 기술을 이용한 그라피티 라이브 퍼포먼스나 교육이 점점 많아지리라 예상해요. 현재는 VR을 이용해서 최대 4명까지 온라인에서 함께 그림을 그릴 수 있는데요. 아직은 장비가 고가이고 한 번에 그림을 그릴 수 있는 인원이 적지만 기술의 발전으로 얼마 지나지 않아 더 많은 사람들이 함께 그림을 그릴 수 있게 될 것 같아요.

VR그라피티

GRAFFITI

" 레오다브의 "
그라피티 세계

편 그라피티는 범죄인가요, 예술인가요?

최 최근까지도 그라피티는 공공기물과 사유재산을 파손하는 범죄인지, 예술가의 정신을 표출하는 예술인지에 대한 논쟁이 계속되고 있어요. 범죄라고 보는 사람들은 그라피티가 기물을 파손하는 엄연한 불법 행위이며 도시의 미관을 해친다고 생각하죠. 반면 예술로 보는 사람들은 오히려 형형색색의 그라피티가 칙칙한 도시에 생기를 불어넣는다고 생각해요. 아름답고 생동감 넘치는 그라피티가 잿빛 시멘트벽이 대변하는 암울한 도시의 이미지를 상상력 넘치는 도시의 모습으로 바꿔놓았다고 보는 거죠.

또한 오늘날의 그라피티는 도시 문화를 이루는 중요한 요소이자 세계적인 미술 트렌드로 자리 잡았으니 강제로 예술작품을 없애는 조치는 옳지 못하다고 주장하고 있어요. 외국에서는 국가에서 불법으로 판단하여 그라피티를 지우라는 명령을 내렸는데 오히려 건물 소유주들이 작품을 훼손하지 않겠다며 반대하는 경우도 있었죠.

이런 논쟁의 열기를 좀 식히기 위해서는 그라피티가 가능한 합법적인 장소를 지금보다 더 확대할 필요가 있어요. 무조건 불법이라며 막는 것보다는 그 쪽이 더 바람직해 보이거든요. 현대미술 장르에서 그라피티는 큰 비중을 차지하고 있어요. 앞으로의 미술 흐름 역시 그라피티 쪽으로 흘러갈 것이라 예상한다면 이제는 양성화를 위한 노력이 필요해요. 합법적인 장소를 내어주고 예술 활동을 장려하는 노력이 있어야 한국의 키스 해링이나 뱅크시, 바스키아도 탄생할 수가 있겠죠.

그라피티가 유희에서 예술이 되기까지
어떤 과정을 거쳤는지 궁금해요.

편 그라피티가 유희에서 예술이 되기까지 어떤 과정을 거쳤는지 궁금해요.

최 그라피티는 자신의 이름을 쓰는 간단한 태깅으로 시작했어요. 태깅을 쓰는 사람들이 늘자 저마다 개성을 드러내기 위해 남들과 다른 문자 모양을 만들기 시작했죠. 문자를 더 두껍게 표현하면서 다양한 버블 형태의 문자가 만들어졌고, 와일드 스타일의 문자도 나오게 되었어요. 그러다 문자에 다양한 색상과 캐릭터, 인물의 모습을 더하고 사회적인 메시지를 담기도 했죠. 그런 과정에서 좀 더 다양한 양식의 표현 방법이 나오게 되었고요. 스텐실 기법이나 페이퍼 아트 같은 것들 말이에요. 이런 식으로 기존의 회화 기법들이 거리로 나오면서 사람들의 인식 역시 낙서에서 예술로 전환되지 않았나 싶어요.

낙서로 취급받던 벽화가 문화 코드의 하나로
인식되고 있는 것 같아요.

편 낙서로 취급받던 벽화가 이제는 문화 코드의 하나로 인식
되고 있는 것 같아요.

최 네. 이젠 현대미술의 한 흐름이자 대중들에게는 친숙한
문화의 하나가 되었죠. 이렇게 대중적으로 자리 잡게 된 것은
힙합 문화가 전 세계적으로 유행한 덕이라고 생각해요. 힙합
의 네 가지 요소가 랩, 디제잉, 브레이크 댄스 그리고 그라피
티라고 하니 그라피티는 힙합의 유행과 함께 그 위상을 높여
갔다고 할 수 있죠. 그라피티라는 명칭은 몰라도 그라피티가
그려진 벽이나 건물, 패션 상품을 보지 못한 사람은 별로 없
을 거예요. 직접 눈으로 본 적이 없더라도 요즘은 각종 미디어
에서도 흔히 볼 수가 있으니까요. 과거 일부 작가들이 늦은 밤
몰래 그리곤 했던 그라피티가 이젠 많은 사람들이 즐기는 문
화가 되었고, 작가가 아니더라도 직접 체험할 수 있는 기회도
많아졌어요.

편 표현할 수 있는 공간만 있다면 어디에든 그릴 수 있는 건가요?

최 물론이에요. 그라피티는 어디에든 그릴 수 있어요. 보통은 벽을 주로 이용하지만 벽이 없더라도 상관없어요. 공업용 랩을 이용해 간이 벽을 만들어 그 위에 그리기도 하거든요.

간이 벽을 이용한 그라피티

편 스프레이로만 그림을 그리나요?

최 예전엔 스프레이로만 그려야 한다는 생각이 지배적이었지만 지금은 그렇지 않아요. 재료의 제한이 없죠. 마카나 물감을 이용해 그릴 수도 있고, 작은 조각들을 이용해 픽셀 아트로 표현할 수도 있어요. 또 이미지를 종이에 프린트한 후 벽면에 붙일 수도 있고요. 자신에게 맞는 방법 혹은 자신이 표현하고 싶은 방법을 택하면 되니 재료는 무궁무진해요. 그것이 그라피티만의 장점이라고 생각하고요.

편 스프레이 사용법도 궁금해요.

최 제가 처음 그라피티를 시작했을 때는 국내 스프레이를 사용했어요. 국내 제품의 경우 기존에 달린 노즐을 이용해 통 안

에 든 액체를 분사시키면 돼요. 단, 세게 누르는 것이 아니라 압력을 십분의 일 정도로 조절해 그리는 거죠. 지금은 수입 스프레이를 사용하는데 수입 제품은 여러 가지 캡들이 포함되어 있어요. 다양한 노즐이 있어 그림 그리기가 훨씬 수월하죠. 그렇지만 가는 선을 그리는 것과 같은 정교한 작업을 할 때는 국내 제품과 마찬가지로 노즐의 압력을 조절해 세심하게 작업하고 있어요. 연습이 많이 필요한 일이죠.

편 방독면 착용은 필수인가요?

최 물론이에요. 냄새가 심하고 분진이 많기 때문에 꼭 방독면을 써야 해요. 저는 처음 그라피티를 시작했을 때 잘 모르고 1~2년을 방독면 없이 작업했어요. 지금 그때를 생각하면 어떻게 버텼나 싶어요. 건강을 해치면서 작업을 할 필요는 없겠죠. 작업을 할 때는 꼭 필터 교체형 방독면을 사용하고, 필터도 자주 갈아주세요.

편. 그라피티와 힙합은 어떤 관련이 있나요?

최. 앞서 잠깐 얘기했는데 힙합 문화의 다양한 요소 중에 하나가 바로 그라피티예요. 랩, 디제잉, 브레이크 댄스와 더불어 그라피티가 힙합의 비주얼을 담당하는 중요한 요소죠. 또 힙합 문화에서 중요하게 생각하는 것이 스웨그Swag 인데요. 스웨그란 자신만이 갖는 특정한 멋과 분위기를 말해요. 태깅을 하는 행위나 자신만의 레터링 단어들, 자유롭게 자기를 표현하는 행위가 바로 스웨그의 핵심과 맞닿아 있죠.

어디에 가면 그라피티를 쉽게 볼 수 있나요?

편 어디에 가면 그라피티를 쉽게 볼 수 있나요?

최 요즘은 워낙 많은 장소에서 그라피티를 만날 수 있지만 압구정나들목이나 신촌 토끼굴, 녹사평역 역사 안, 홍대 거리, 신촌 거리, 선유도 공원 지하주차장 등에 가면 더 쉽게 볼 수 있어요. SNS나 블로그에 올린 그라피티 사진 중 마음에 드는 작품이 그려진 장소를 찾아다니는 것도 재미있을 것 같네요.

편 그라피티로 활용할 수 있는 것은 어떤 것이 있을까요?

최 제 작품은 모자와 티셔츠, 후드, 스마트폰 케이스 등의 제품으로 출시되었어요. 그라피티는 다양한 분야에 활용 될 수 있어요. 책표지 디자인이나 자동차, 컴퓨터 튜닝 등 미술적인 요소가 들어가는 모든 곳에 쓰일 수 있으니까요.

편 주요 소재나 주제는 무엇인가요?

최 가장 많이 이용되는 소재는 작가 자신의 태그네임이에요. 작가들은 자신을 표현하고자 하는 욕구가 강하다 보니 나를 보여주는 일차적인 행위로서 태그네임을 사용하죠. 그리고 자신이 원하는 글자나 문구, 기하학적인 문양, 관심 있는 인물, 좋아하는 식물이나 동물, 캐릭터, 영화 등을 소재로 작품을 만들어요. 작가마다 다양한 소재를 이용해 자신의 감성이나 생각을 표현해요. 사회적인 메시지를 담기도 하고요.

프랑스 최초의 그라피티 아티스트인 블레크 르^{Blek le Rat}는 처음 그라피티를 시작했을 때 검은색 쥐를 소재로 작업했어요. 쥐^{Rat}는 예술^{Art}의 애너그램^{Anagram, 단어나 문장을 구성하고 있는 문자의 순}서를 바꾸어 다른 단어나 문장을 만드는 놀이이기도 하며, 종말론에서 유일하게 살아남는 동물이에요. 예술 역시 끝까지 살아남을 것이라는 기대를 담아 쥐를 상징적으로 사용했다고 해요. 또한 거리에 쥐를 그림으로써 예술도 쥐처럼 번식해 퍼져나가길 바라는 마음을 표현했고요. 나중에는 유명한 예술가의 작품을 인용하거나 공공 공간에서 일하는 예술가로서 거리의 노숙자를 묘사하는 시리즈를 제작하기도 했죠. 블레크 르 라뿐만 아니라 많은 작가들이 자신만의 시그니처가 되는 소재를 이용해 메시지를 전하고 있어요.

떠오르는 아이디어나 메모들은
어떤 과정을 거쳐 작품이 되나요?

📧 떠오르는 아이디어나 메모들은 어떤 과정을 거쳐 작품이
되나요?

🔲 요즘은 스마트폰을 많이 이용해요. 음성 메모나 메모장
또는 그리기 어플을 사용해서 간단히 아이디어를 정리하고,
추후에 작업실에서 태블릿이나 컴퓨터로 스케치를 마무리하
죠. 완성된 스케치는 실제 벽으로 옮겨져 작품이 돼요. 중요한
작업인 경우 항상 종이와 펜을 이용해 스케치를 그려두고 이
를 다시 디지털화해 기록으로 남겨두고 있어요.

편 창의적인 아이디어는 어디에서 얻는지 궁금해요.

최 인터넷, 팟캐스트, 오디오북, 영화, 책 등 너무 많네요. 길을 가다가도 어떤 건물을 보고 그 건물의 균열 등에서 아이디어가 생기기도 하거든요. 동물의 움직임에서 영감을 얻기도 하고요. 우리 주변을 이루는 많은 요소들은 평소에는 별다른 감흥을 주지 않다가도 어느 순간 마음을 흔들 때가 있어요. 그런 자극을 통해 색다른 생각이 나오기도 하죠. 그렇지만 그런 경우가 매번 찾아오는 것은 아니니 사소한 것들을 다르게 보는 눈과 창의적으로 생각하려는 노력이 필요하다고 생각해요.

편. 창의성은 어떻게 훈련해야 하나요?

최. 일단 창의의 개념이 창조와는 전혀 다른 것이라는 걸 짚고 넘어가야겠죠. 창조가 전에 없던 것을 처음으로 만드는 것을 말한다면, 창의는 기존에 이미 있는 것을 다양한 방식으로 표현하고 편집해 새로운 것을 만들어 내는 것이라고 생각해요. 그런 관점에서 볼 때, 창의성은 나만의 방식으로 기존의 것을 새롭게 만드는 생각이라고 할 수 있죠.

창의성을 개발하고 싶다면 우선 쉬거나 잠을 자며 현재의 생각을 멈춰보세요. 어느 정도 시간이 지나면 우리의 뇌는 그동안의 습관적인 연결을 멈추고 새로운 연결을 할 준비가 돼요. 이때 단편적으로 떠오르는 영감이나 아이디어를 가감 없이 받아들이세요. 순간적이고 파편적인 생각들을 연결시키고 현실화시키는 습관을 들이면 창의성이 발전하게 되죠. 아인슈타인은 "창의성은 면밀한 의도나 계획에서 오는 것이 아니라 가슴으로부터 나온다."고 말했어요. 그렇다면 많이 보고 많이 듣고 많이 체험하는 게 무엇보다 중요하다고 봐요. 어떤 분야든 상관없어요. 자신이 관심 있고 원하는 것이라면 무엇이든

시도해보세요. 그런 경험들이 희귀하고 참신하며 독특한 아이
디어를 만들어 줄 거예요.

편 다른 작가들과의 차별점은 무엇인가요?

최 차별점이라면 한 가지 스타일만 고집하지 않는다는 점을 들 수 있겠네요. 저는 해보고 싶은 게 정말 많거든요. 그래서 흔히들 알고 있는 기본적인 스타일의 작품도 만들지만 스텐실, 픽셀 아트, 페이퍼 아트 등을 이용한 작품도 만들고 있어요. 근현대사에 관심이 많아 독립운동가를 주제로 연작 시리즈를 만드는 것도 저만이 하는 작업이죠.

18760829-
19490626

GU. KIM

19000810-
1932 1010

BONG-CHANG
LEE

1902/2/6
—19200928

GWAN-SOON.YU

"LEO
DAY!!"

18790902-
19100326

JOONG-GEUN
AHN

"LEO
DAY!!"

작품에서 특별히 강조하는 부분이나
시그니처가 있나요?

편 작품에서 특별히 강조하는 부분이나 시그니처가 있나요?

최 'LOVE CAMO LIFE'라는 모토와 함께 사용하는 컬러풀한 카모플라쥬 문양들이 제 시그니처예요. 앞서 잠깐 얘기했듯이 카모플라쥬는 군복이나 군 장비에 쓰이는 얼룩무늬를 말해요. 이 문양이 쓰이는 이유는 위장하고 은폐하기 위함인데요. 저는 카모플라쥬에서 우리의 모습을 봤어요. 지금 우리 사회는 개개인의 개성을 존중하는 건강한 사회가 아니라 튀는 행동을 달가워하지 않는 경직된 사회 같아 보이거든요.

평범함을 강요당한 채 집과 학교, 회사를 왕복하며 회색

빛 도시의 일부처럼 살고 있는 우리의 쓸쓸한 모습을 아름다운 색으로 칠하고 싶었죠. 한 명 한 명에게 색을 부여하고 각자 다른 색을 발하는 사람들이 모인 하나의 덩어리를 표현하고 싶었어요. 알록달록한 카모 문양에 사람들이 자신이 좋아하고 사랑하는 일을 하며 살아가길 바라는 마음을 담아 LOVE와 LIFE라는 단어를 넣어 'LOVE CAMO LIFE'라는 모토가 만들어졌죠.

GRAFFITI

"나도
그라피티작가"

태그네임 만들기

제 태그네임인 레오다브LEODAV는 르네상스를 대표하는 이탈리아의 예술가 레오나르도 다빈치Leonardo da Vinci의 줄임말이에요. 레오나르도 다빈치처럼 그라피티의 르네상스를 열어보고 싶은 희망을 담아 만들었죠. 여러분도 여러분만의 개성과 취향을 드러내는 독특한 태그네임을 만들어보세요.

내 테그네임은?

내 테그네임의 의미는?

태그네임 그려보기

자신만의 태그네임을 만들었다면 이제 태깅, 즉 태그네임을 그려볼 차례인데요. 그라피티작가들은 저마다의 개성을 드러내기 위해 남들과 다른 문자 모양을 만들기 시작했어요. 귀엽고 동글동글한 버블 형태의 문자나 터프하고 와일드한 문자, 혹은 물감이 흘러내리는 느낌의 문자 등 다양한 스타일의 문자가 만들어졌죠. 여러분의 태그네임에 어울리는 문자모양은 무엇일지 고민해보고, 자신만의 스타일을 찾아 태그네임을 그려보세요.

너무 막막한가요?
그렇다면 작가의 태깅을 참고해보세요.

나만의 스타일로 완성한
태그네임 **ver.1**

나만의 스타일로 완성한
태그네임 ver.2

그라피티 따라해보기

제가 작업한 그라피티 중 여러분이 쉽게 따라 그릴만할 작품 몇 가지를 소개해드릴게요. 우선 스케치를 따라 그려보고, 스케치 연습이 끝나면 색깔을 넣어 알록달록한 그라피티를 완성해 보세요.

스케치_1

Job

스케치_2

컬러_1

컬러_2

Job
Propose 17

GRAFFITI

" 그라피티작가 "
업무 엿보기

01 아이디어 및 표현 방법 구상

어떤 콘셉트의 작품을 만들 것인가, 기획하고 있는 작품을 어떻게 표현할 것인가, 무엇을 이용해 표현할 것인가 구상하는 단계

02 스케치

실제 벽이 아닌 종이나 컴퓨터의 드로잉 프로그램을 이용해서 스케치하는 단계

03 **작업**

벽이나 작품이 그려질 장소 혹은 물건에 스프레이 등의 소재
를 이용해 표현하는 단계

goodboy 완성

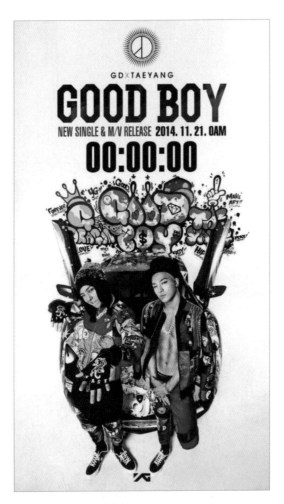

goodboy 실제 앨범사진

B   BACK TO BACK 구석에서 구석까지 꽉 채워 그려진 벽
    BATTLE 두 명의 작가가 한정된 시간 안에 그라피티를 한
    후 둘 중에 더 뛰어난 작품을 가리는 대결
    BOMBING 벽에 그림을 새겨 넣는 행위 또는 그라피티를
    하러 가는 일
    BITE 다른 작가의 스타일을 흉내 내는 것
    BLACK BOOK 아이디어를 스케치하는 노트나 메모
    BLOCKBUSTER 커다랗고 모난 스타일의 글자체
    BUBBLE LETTERS 올드 스쿨 스타일로 동글동글한 거품
    모양의 글자체
C   CLOUD 구름과 같은 형태의 글자체
    CUTTING TIPS 스프레이 팁의 앞부분을 잘라 폭을 넓히
    는 것
D   DRIPS 물감이 흘러내린 것 같은 효과
F   FADE 색을 혼합하는 것
G   GOING OVER 다른 사람의 그라피티 위에 자신의 그라피
    티를 그리는 것

K   KING 매우 뛰어난 작가

M   MURAL 큰 사이즈의 벽에 그린 그라피티

O   OLD SCHOOL 그라피티의 초기

S   SPOT 그라피티가 많이 그려지는 장소

     STENCIL 복잡한 그림을 빠르게 표현할 때 사용되는 기법
     으로 종이를 잘라내고 잘라진 홈 사이로 스프레이를 뿌려
     서 완성

     SKETCH 작품의 초안

T   TAGNAME 작가의 이름이나 서명, 로고

     TAGGING 작가 자신만의 태그네임을 쓰는 행위

     THROW-UP 단시간에 최소의 색상으로 그리는 것

     TOP TO BOTTOM 열차 또는 벽의 측면 전체를 그라피티로
     채우는 것

W   WILDSTYLE 읽기 어려운 글자체로 글자들이 겹쳐있는 형
     태가 많음

     WHOLE TRAIN 열차의 첫 칸부터 마지막 칸까지 전체를
     다 그린 것

모자

티셔츠

후드

스마트폰 케이스

GRAFFITI

" 그라피티작가 "
최성욱 스토리

편 어린 시절에 대한 이야기가 궁금해요. 부모님은 어떤 분이셨는지, 어린 시절 환경은 어땠는지 알려주세요.

최 어머니는 의상실을 하셨고, 아버지는 택시 운전을 하셨는데 두 분 모두 그림과 사진을 좋아하셨어요. 부모님의 그런 성향 덕분에 유치원에 들어가기 전부터 미술학원에 다녔고, 어려서부터 그림과 친해지는 기회가 되었죠. 초등학교 때는 따로 미술학원에 다니지 않았지만 사생대회에 나가 상도 받았고요.

편 중, 고등학교 시절에 대해 이야기해주세요.

최 중학교에 들어가서도 미술학원에 다니지는 않았지만 미술 시간을 좋아했고, 여유 시간을 이용해 취미로 그림을 그렸어요. 또 농구도 좋아해서 친구들과 운동장에 모여 농구하는 걸 좋아했죠. 고등학교에 올라가서 처음으로 미술반에 들어갔어요. 사물놀이에도 관심이 생겨 사물놀이 동아리에도 가입했고요. 친구들과 사물놀이 연습을 열심히 해서 정기 공연은 물론 학교 축제나 지역 축제 등 많은 곳에서 공연을 하기도 했어요. 또 방과 후에는 미술학원에 다니며 본격적으로 미술공부를 시작했죠.

편 공부는 잘했나요?

최 공부는 그렇게 잘하는 편은 아니었어요. 반에서 중간 정도 했어요.

편 특별히 좋아했던 과목이 있었나요?

최 미술을 가장 좋아했고 국사와 역사 과목에도 흥미를 느꼈어요.

편 학창시절 기억나는 사건이 있나요?

최 고등학교 2학년 때 학교 축제를 앞두고 선생님과 학생들 모두 준비가 한창이었죠. 저 역시 사물놀이 정기공연 연습도 하고, 미술전시회도 준비하느라 매우 바빴어요. 학교 공부도 해야 하는데 사물놀이 연습에 전시할 작품까지 만드느라 고되고 힘들었지만 둘 다 좋아하는 일이라 열심히 준비했던 기억이 나요. 그리고 드디어 정기공연 날이 되었어요. 공연 모습을 동영상으로 촬영했는데 누군가의 실수로 전원이 꺼지는 바람에 한 번 뿐인 정기공연 영상이 날아가 버렸어요. 3학년에 올라가면 수능 준비로 바쁠 테니 마지막이라 생각하고 열심히 공연했는데 그 모습을 다시 볼 수 없어 너무 아쉬워요.

편 어렸을 때 꿈은 뭐였나요?

최 과학 분야에 관심이 많아 과학자나 로봇공학자가 되고 싶었어요. 그런 직업을 가지지는 않았지만 과학에 대한 관심과 흥미는 아직도 남아 있어서 낙서할 때면 기계적인 요소들을 많이 넣게 되더라고요.

📓 학창시절 진로를 어떻게 결정하게 되었나요?

📘 저는 어려서부터 미술과 그림을 그리는 것에 관심이 많았어요. 대학에서도 미술 분야의 전공을 하고 싶었고, 그 전공을 살려 그림 그리는 일을 하고 싶었어요. 그런데 제가 학교에 다니던 시절에는 미술을 직업으로 삼는다고 하면 부모님들이 내켜 하지 않으셨어요. 안정적이지 않고 특별한 경우가 아니면 수입이 많지 않아서겠죠. 그런데 입시를 준비할 즈음 다행히도 우리나라에 디자인 붐이 불기 시작했어요. 그래서 부모님의 별다른 반대 없이 대학에 들어가 디자인을 전공하게 되었죠.

📓 대학에서 어떤 전공을 하셨나요?

📘 저는 대학에서 산업디자인을 전공했어요. 제가 다닌 학교의 산업디자인과에서는 제품디자인과 시각디자인을 함께 배울 수 있었어요. 요즘은 제품디자인과 시각디자인을 따로 나눠서 학생을 선발하지만요.

📓 대학 졸업 후 바로 이 직업을 가졌나요?

📘 아니요. 운이 좋게 대학 졸업을 한 후 바로 꽤 큰 디자인 회사에 들어가게 되었어요. 그런데 제가 그동안 상상했던 디

자인 회사와는 너무 다른 곳이었어요. 불필요한 야근이 너무 많았고, 신입사원이 할 수 있는 업무들도 많지 않았죠. 그러다 보니 대학에서 배운 것들이 하나도 쓸모없다는 느낌까지 들었어요. 그런 회의가 들어 일 년 정도 다니고, 다른 회사로 이직을 했죠. 졸업을 하고 일을 하는 동안에도 주말에 시간이 날 때면 아르바이트 삼아 취미 삼아 계속 그라피티를 그렸어요. 회사 생활보다 그라피티가 훨씬 더 재미있었죠. 생각만 해도 가슴을 설레게 하는 일, 내가 정말 좋아하는 일을 하고 싶어서 두 번째 회사도 일 년 정도 다니다가 퇴사하고, 그때부터 본격

적으로 그라피티를 시작했죠.

편 언제부터 이 직업에 관심이 있었나요?

최 그라피티에 관심이 생긴 건 1998년 대학교 2학 때였어요. 동아리에 들어갔는데 거기서 처음 그라피티를 알게 되었고 흥미를 느껴 연습을 하고 실제 벽에도 그려봤어요. 그리고 꾸준히 취미로 그라피티를 하러 다녔어요. 그러다 회사생활에 회의를 느껴 퇴사하고 본격적으로 저를 행복하게 해주는 이 직업을 가지게 되었죠. 그게 벌써 2007년도예요.

편 어떤 과정을 거쳐 이 직업을 갖게 되었나요?

최 처음 그라피티로 아르바이트를 하게 된 것은 동아리 방에 그렸던 작품을 인터넷 커뮤니티에 올리게 되면서 부터였어요. 당시엔 그라피티를 하는 사람들이 많지도 않았고, 인터넷 커뮤니티가 활발하던 시기도 아니라 인터넷을 통해 제 작품을 알아봐 주는 게 조금 신기하기도 했어요. 그 아르바이트를 시작으로 대학생일 때는 주로 인테리어를 위한 그라피티를 그렸어요. 현재도 수입의 대부분이 인테리어에 들어가는 작품들이지만 그때는 학업과 병행하느라 이 일을 직업으로 해야겠다는

대학교 동아리 방 두 번째 작품

생각은 못했죠.

그러다 군대에 들어갔는데 마치 2년간 특훈을 한 느낌이 들 정도로 정말 많은 양의 그림을 그렸어요. 제대 후 2003년 부터는 본격적으로 그라피티를 시작했고요. 레오다브라는 태그네임 역시 이때부터 본격적으로 사용했어요. 학교에 복학을 한 후 졸업 준비를 하면서 사업자등록도 했어요. 당시에 함께 그라피티를 하던 멤버들이 7명이었는데요. 그중에 졸업한 선배님이 사업자등록을 하고 매니저 역할을 해주셨고, 나머지 멤버는 인테리어나 축제, 무대디자인을 위한 그라피티를 그리며 활동했죠.

2005년이었던 걸로 기억하는데 그때부터 네이버 블로그를 시작했어요. 블로그를 통해 제 작품을 알린 덕인지 대형 프로젝트를 맡게 되었어요. 하이트 프라임맥주 CF에 들어갈 그라피티 아트를 담당하게 되었죠. 영등포에 있는 선유도공원 지하주차장 벽면에 그렸는데 당시엔 국내에서 가장 큰 사이즈의 그라피티였어요. 현재까지 남아있는 가장 오래된 작품이기도 하고요.

대학 졸업 후 2년 정도 디자인회사를 다니면서 틈틈이 그라피티도 병행했었는데요. 디자이너라는 직업이 생각만큼 재

미있지 않았어요. 창의적이고 재미있게 일할 수 있을 것 같았는데 그렇지 않더라고요. 그래서 그라피티를 직업으로 삼아야겠다고 마음먹었죠. 7명이었던 팀원을 2명으로 줄이고 더욱 활발하게 활동했어요. 초대형 공연 프로젝트인 현대카드 슈퍼콘서트의 에미넴 공연 CF 작업, 브라운 아이드 걸스의 디지털 싱글앨범 로고 작업 등 다양한 프로젝트와 전시를 진행했죠.

　　그러다 2013년부터 저와 지금의 매니저 둘이 새롭게 회사를 시작했어요. 회사의 첫 프로젝트가 바로 삼청동 독립운동가 시리즈예요. 2014년에는 세종문화회관에서 광복 70주년을 기념하기 위해 전시를 기획했는데 저도 초청을 받아 〈나의 그들〉이라는 전시회에 참여하게 되었죠. 또 같은 해에 부천에서 첫 개인전도 열게 되었고요. G-DRAGON과 태양의 첫 싱글앨범에 들어갈 그라피티도 맡게 되었고, 이를 계기로 빅뱅, AOA, 지누션 등 다양한 뮤지션과도 콜라보레이션을 하게 되었어요.

여러분도 잘 알고 있는 〈리그 오브 레전드〉라는 게임이 2014년에 한국에서 처음으로 월드 챔피언십을 했었는데요. 그때 초청을 받아 서울월드컵경기장에서 라이브 페인팅을 진행하게 되었어요. 그리고 2015년에는 녹사평 프로젝트를 진행하고, 두 번째 개인전도 열게 되었죠. 지금까지 다양한 전시와 콜라보레이션을 진행해 왔으며, 현재는 신진작가 2명으로 구성된 L.A.C라는 회사로 발전하게 되었어요.

저는 이런 과정을 밟으며 지금의 제가 되었어요. 여러분의 꿈은 무엇이며, 그 꿈에 다다르기 위해 어떤 과정을 거치는 중인지 궁금하네요. 저마다 원하는 모습이 다르겠지만 각자의 꿈이 무엇이든 그 모습을 그리며 꾸준히 준비하는 게 무엇보다 중요하다고 생각해요. 지금 당장은 미약해 보일지도 모르겠어요. 하지만 그런 과정 하나하나가 모이고 쌓이면 누구도 무시하지 못한 힘을 발휘해요. 저 역시 군대 생활 동안 꾸준히 그린 그림이 지금의 저를 만들어준 원동력이라고 보거든요. 그래서 그 옛날 스케치들을 아직도 간직하고 있나 봐요. 지금 보면 마음에 들지 않는 것들도 많지만 왠지 버릴 수 없더라고요.

편 직업을 선택하는데 도움을 준 사람들이 있나요?

최 아내가 가장 큰 힘이 되었어요. 회사를 그만두고 그라피티를 한다고 했을 때 불평 한마디 없이 제 생각을 지지해줬거든요. 지금은 다양한 분야와의 협업으로 어느 정도 수입이 있지만, 초반에는 그라피티를 하면서 경제적으로 여유롭게 살 수 있다는 보장이 없잖아요. 실제로 정말 허름한 창고에서 크루 한 명과 숙식을 해결하면서 작업했고요. 여름엔 너무 덥고, 비가 오면 물이 새고, 겨울엔 너무 추웠죠. 어렵고 힘들었던 지난 시간을 함께 하며 흔들림 없이 저를 믿어준 사람이 바로 지금의 아내예요. 정말 감사해요.

편 직업관을 형성하는데 도움을 준 책이나 영화가 있을까요?

최 그라피티작가이자 영화감독인 뱅크시의 작품을 보며 영

군대에서의 스케치

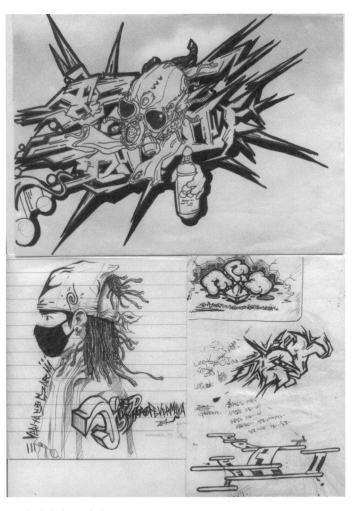

군대에서의 스케치

Job
Propose 17

Andrew 77
Andrewnn

보람찬 한주   2002년 2월14일

향을 받았어요. 뱅크시는 뒷골목의 낙서로만 인식되던 비주류 예술로서의 그라피티가 대중적으로 주목받는 주류 예술로 편입되는데 큰 영향을 준 작가죠. 뱅크시가 사용한 스텐실 기법은 미술을 공부한 사람이 아니더라도 흔히 알고 있는 미술기법이었는데요. 그것을 그라피티와 접목시킨 뱅크시의 아이디어가 정말 좋았다고 생각해요. 빠르게 그릴 수 있고, 원판이 있으면 다른 곳에 또 같은 그림을 그릴 수 있는 스텐실 기법이 그라피티의 속성과 잘 맞으니까요. 그래서 저도 꼭 해봐야겠다고 생각했고, 실제로 삼청동과 녹사평의 독립운동가 시리즈 작업을 할 때 스텐실 기법을 사용했어요.

강신주 작가의 〈벙커1〉이라는 팟캐스트를 자주 들었는데요. 그 팟캐스트가 'Love Camo Life'라는 제 모토를 만드는데 가장 큰 영향을 줬어요. 강의 내용 중에 현시대를 살아가는 사람들의 모습을 보면, 살아내기 위해 좋아하는 것도 하지 못하고 많은 것을 포기한 채 그저 살아가고 있다는 부분이 있었는데 거기서 영감을 받았죠. 주위의 제 친구들만 봐도 그래요. 같이 춤을 췄던 친구나 선배, 후배 모두 자신이 좋아하는 일 대신 돈을 벌기 위한 직업을 가지게 되었죠. 그 모습들이 너무 안타까워서 세상이 조금이나마 달라지면 좋겠다는 마음과 위로를 담아 'Love Camo Life'라는 작품을 하게 되었어요.

편 현재의 삶에 만족하시나요?

최 그라피티를 한 지도 20년 정도가 된 것 같네요. 제가 좋아하는 일을 하며 살 수 있는 이 삶이 정말 만족스러워요. 다른 많은 사람들도 자신이 좋아하는 일을 하면서 먹고 살 수 있는 세상이 되었으면 좋겠어요.

편 꿈꾸던 것을 이루고 있다고 생각하세요?

최 그럼요. 천천히 조금씩이지만 하고 싶은 일들을 해나가고 있으니까요.

편 자녀가 그라피티작가를 하겠다고 하면 권하실 건가요?

최 시간이 갈수록 사람들은 그라피티 문화에 더 익숙해질 테고, 범죄라고 보는 의견보다는 예술로 인정해주는 분위기가 주를 이룰 것이라고 생각해요. 그렇다면 더 많은 분야에서 그라피티를 찾게 되겠죠. 밝은 미래가 있으니 본인이 원한다면 적극 지지해줄 거예요.

편 그밖에 관심을 가지고 활동하는 분야나 최근에 새롭게 도전하는 분야가 있나요?

최 요즘은 VR그라피티를 해보고 있어요. 아무래도 야외에서 작업할만한 장소가 적다 보니 VR을 통해 그라피티 연습을 하고 있죠. 조금만 시대가 변한다면 VR을 이용한 온라인 교육도 가능할 것 같아요. 그리고 3D펜을 이용해서도 새롭게 작품을 만들어보려고 테스트 중이에요.

편 그라피티작가로서 앞으로 어떤 목표를 갖고 계신가요?

최 2019년은 대한민국 임시정부 수립 100주년이 되는 해예요. 이를 기념하고자 독립운동가 시리즈를 더 제작해서 전시회를 하고 싶어요. 기회가 되면 청와대나 국립 대한민국 임시정부 기념관에 기증할 생각이고요.

혁신을 위한 상상력을 키우고 창의력을 개발하는데 그라피티는 아주 훌륭한 도구가 되어줄 것이라고 봐요. 그래서 그라피티를 활용한 교육, 낙서를 활용한 교육을 더 많이 해보려고 해요.

편 마지막으로 그라피티작가를 꿈꾸는 청소년들에게 하고 싶은 말이 있나요?

최 우리는 미래를 알지 못해요. 여러분이 세상으로 나갈 가까운 미래 역시 추측만 할 뿐 무엇이 트렌드가 되고, 그것이 나에게 어떤 영향을 미칠지는 알 수가 없어요. 그래서 지금 당장의 어떤 충고나 권유도 정답이 될 수는 없는 거죠. 그렇다고 미지의 앞날을 두려워할 필요는 없어요. 다양한 경험을 해보며 내공을 쌓아간다면 웬만한 장벽은 가뿐히 넘을 수 있으니까요. 만약 그렇지 못하더라도 실패의 경험 역시 분명 자산이 되리라 생각해요. 실수와 실패에서 지혜를 얻고 무언가를 배워간다면 그 어떤 경험도 불필요한 경험은 없으니까요. 여러

분, 합법적인 선 안에서 하고 싶은 많은 일들을 해보며 자신이 좋아하는 일, 원하는 일이 무엇인지 고민해보고 그 길을 위해 나아가세요. LOVE CAMO LIFE!!!

GRAFFITI

"그라피티 아카이브"

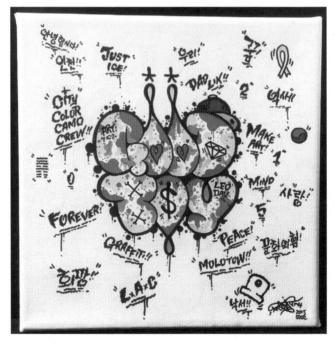

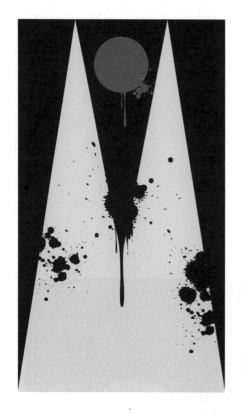

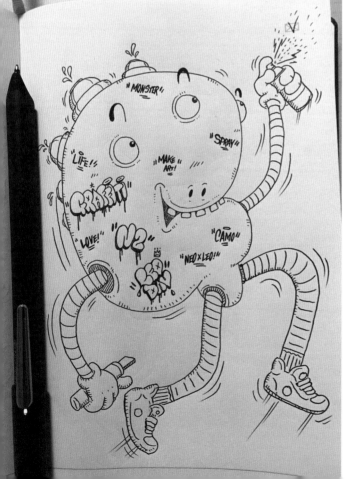

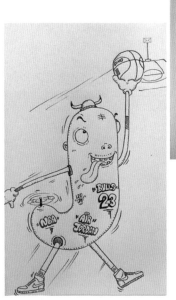
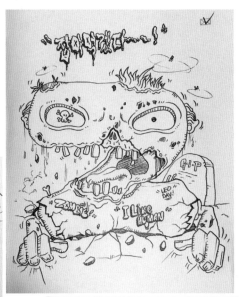

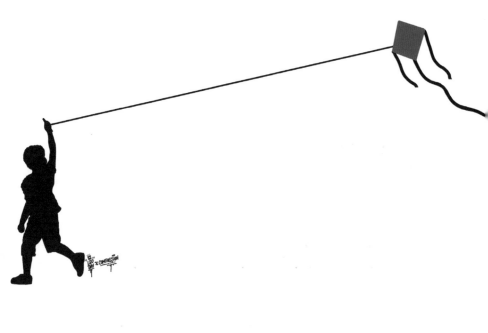

FREEDOM PEACE
NELSON MANDELA 19180718 - 20131205

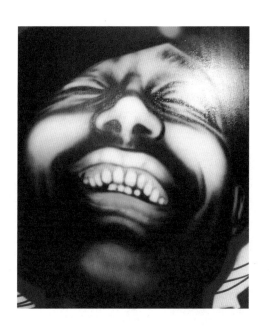

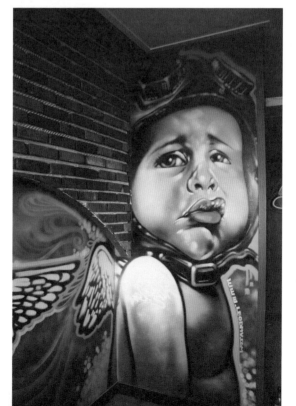

청소년들의 진로와 직업 탐색을 위한
잡프러포즈 시리즈 17

자유롭다면
그라
피티
작가

2018년 7월 10일 | 초판1쇄
2024년 4월 1일 | 초판4쇄

지은이 | 최성욱
펴낸이 | 유윤선
펴낸곳 | 토크쇼

편집인 | 박가영
디자인 | 김경희
마케팅 | 김민영

출판등록 2016년 7월 21일 제2019-000113호
주소 | 서울시 마포구 월드컵북로98, 2층 202호
전화 | 070-4200-0327
팩스 | 070-7966-9327
전자우편 | myys327@gmail.com
ISBN | 979-11-88091-30-0 (43190)
정가 | 15,000원